高田文夫と松村邦洋の東京右側「笑芸」さんぽ

いち・にの・さんぽ会 編

写真左より、渡辺誠、松村邦洋、高田文夫、
高野ひろし（リーダー）、馬場憲一

講談社

目次

まえがき、のようなもの

あるく、あるく。歩く、ウォーキング。

合言葉は「心臓とめるな、ホックをとめろ」

その名も僕たち〝いち・にの・さんぽ会〟

二〇〇九年に東京マラソンで、松村邦洋　心肺停止。

負けじと二〇一二年、私が不整脈で八時間の心肺停止。

そんな二人に、「死なれちゃたまらねぇ」と心肺のことを心配しつつ、シンパシーを感じる気のいい仲間が、体を気遣って「ゆっくり歩きましょう」と声をかけてくれた。松村クンだって、ライザップで三〇キロも痩せるずっと前である。私なぞ退院したばかりで、まだ〝杖をたよりに半日がかり〟と『九段(くだん)の母』みたいな状態であった。

　こうして二人三脚ならぬ、五人十脚一杖でのさんぽ会の始まりである。

　スタートしてからすぐに業界内で話題になり、「オレも入れてくれ」、「私も歩きたい」と申し込みが百人ほど殺到したが、やってみてわかったことは、五人ぐらいがベスト。それ以上増えてしまうと道路を渡る時の信号のタイミングなどで足並みが揃わない。

月に一回の金曜日、ニッポン放送の『高田文夫のラジオビバリー昼ズ』の生放送が終わる午後一時に集合して、リーダーである散歩の超名人・高野クンが、毎回ひねりにひねって考えた、約四時間の道順を、フラリフラリ、トークに花を咲かせて歩く五人男。五時ともなれば「手頃な店はないのか？」と言い出す私に、予約もなしにアドリブで店を案内する高野クンの名人芸。どこいら辺で五時になるかも、毎回わからないので、予約もできない。故(ゆえ)に五人くらいが丁度(ちょうど)いい。それ以上の人数だと、入れる店もなくなってくる。

町を歩くと、若き日の想い出がよぎってくる。体が活性化すると脳も活性化するのだ。しみじみ散歩はライヴなんだと思う。

ババちゃんは言った。

「僕たちは高田センセーの人生と散歩してるんだ」

クゥ〜、泣けるね。六九年という、みんなより無駄に永い人生を送ってきた私だ、知ってることは、どんな下らないことでも伝えておく。〝町に染み入る下らなさ〟こそ、文化なんだと思う。

コースは基本的に、東京の右半分（早い話が下町方面）。私が渋谷生まれで世田谷育ち、社会に出たら新宿、そして麹町(こうじまち)という暮らし方なので、山の手側（左側）はほぼ知っているのだが、右半分は落語や芝居の中でしか知らないので、高野クンがそう決めた（私が落語好きだからか下町の人間と思われがちだけど、じつはあまり歩いたことはなかった。もちろん、暮らしたこともない。でも、死んだら浅草は今戸（いまど）の寺に入る）。

〈いち・にの・さんぽ会〉

リーダー

高野ひろし（59）……大塚のガラス屋にして散歩のエッセイ連載を多数持つ趣味人。たまにペンギンと一緒。

高田文夫（69）……ブーメランのようにあちらから戻ってきて、まだ書く、喋る、歩く。道を楽しむ。

松村邦洋（50）……今や〝結果にコミット〟させたら日本一。元祖「バウバウ」。中野在住、ず――っと中野。

馬場憲一（60）……人呼んで「職業・高田文夫の追っかけ」。業界内では〝石和（いさわ）のババちゃん〟として落語会・音楽ライヴなどをプロデュース。

渡辺誠（41）……某テレビ制作会社ディレクター。気のつく男、フットワークの良さでは山吹町（やまぶきちょう）イチである。子供は私の名からとって「文（ぶん）ちゃん」。

以上のメンバーで今月も「いち・にの・さんぽ会」であります。

六〇代最後の秋の気配を感じつつ――高田文夫

「笑芸」さんぽ

完全ガイド

いち・にの・さんぽ会
厳選10コース

ROUTE 1

有楽町→日本橋→神田

2013年2月1日

センセー！
まずは試しに
歩いて
みませんか!?

**記念すべき第1回は、
有楽町からサクッと
肩慣らしの6000歩。
でも八重洲に日本橋に神田と、
江戸っ子は散歩も
本寸法ってね。**

「八重洲ブックセンターで展覧会やってるからさ、ビバリーの生放送が終わったら歩こう」と、高田センセーから連絡が入ったのは、まだ寒風吹く一月。センセーが奇跡の復活を遂げてから一年も経っていなかった。

それならばと、合言葉は「有楽町に1時」。いち・にの・さんぽ会、いざ旗揚げぢゃ～！

有楽町といえば駅前の南町奉行所跡。交通会館もイトシアもいいけど、落語好きなら大岡政談でお馴染み、大岡越前の本拠地は外せない。このさんぽ会のキーワードは、東京の右側＆落語なのだ。従って、外堀通りに沿って八重洲に向かう場合も、高知県のアンテナショップ前に立つ坂本龍馬に挨拶し、八重洲ブックセンター前の二宮金次郎に「歩き読書は危険です」と忠告するのも忘れない。

ブックセンターで開催していた『小説現代』五十周年記念イベントに、歴代最長級の連載を続ける作家本人が、ふらりと訪問したんだから、そりゃ受付のお姉さんも驚くわ。

再開発の槌音響く京橋を横目に柳通り～八重洲仲通りと、サラリーマン飲み屋街を抜け、「はいばら」で永井荷風愛用の原稿用紙を買い、「歩いて渡るのは初めて」という日本橋をひとまたぎ。室町小路もゆるゆる歩いて夕まぐれ、蕎麦屋でちょいと一杯はお約束。

店を辞して、なお余力あるぞ病み上がり。中央通りを進み神田駅。有名立ち食い焼肉店を覗き込むセンセーの好奇心は果てしなく、気付けば初回にして江戸っ子本寸法の街歩き。

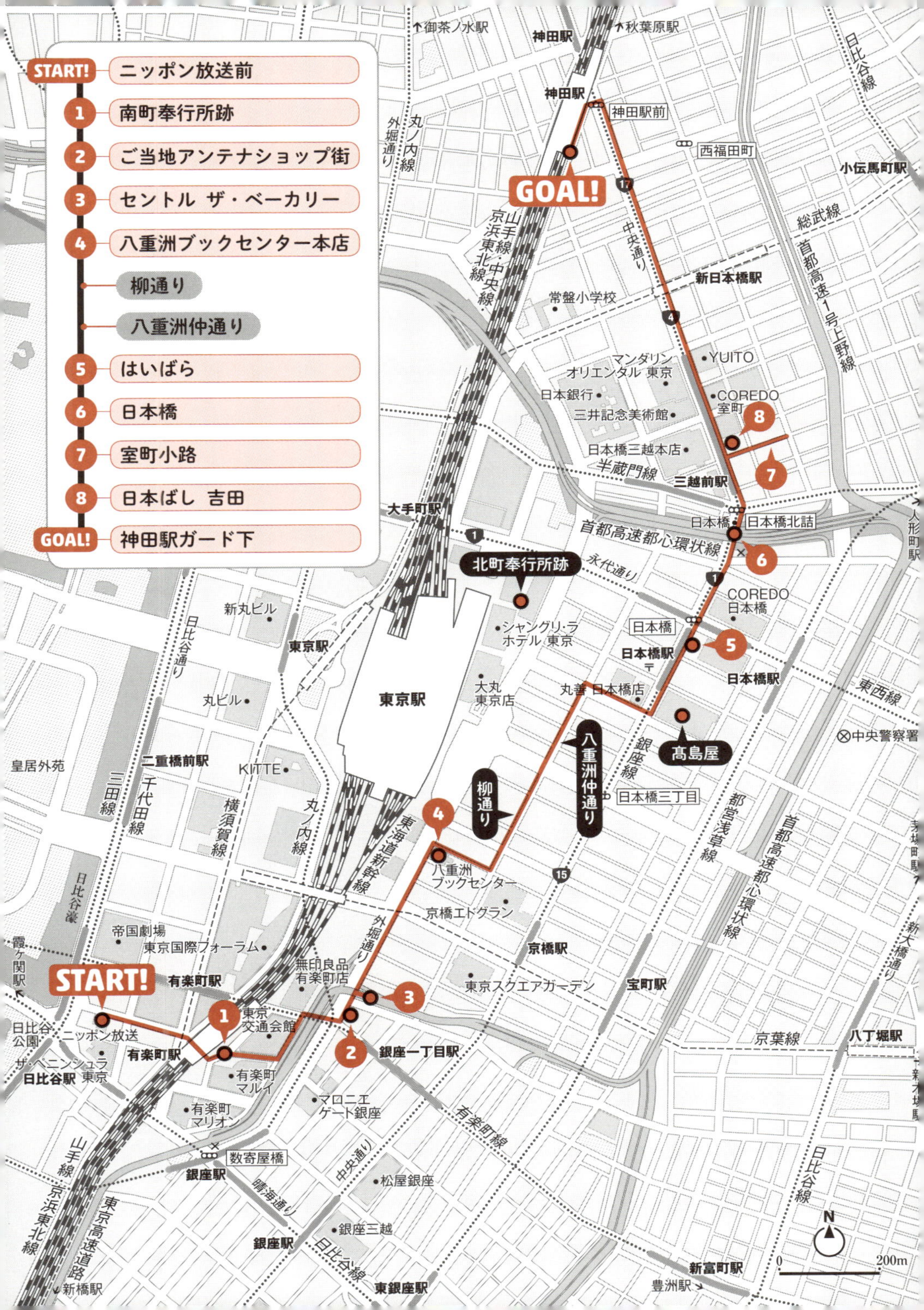
START! ニッポン放送前
1 南町奉行所跡
2 ご当地アンテナショップ街
3 セントル ザ・ベーカリー
4 八重洲ブックセンター本店
柳通り
八重洲仲通り
5 はいばら
6 日本橋
7 室町小路
8 日本ばし 吉田
GOAL! 神田駅ガード下
御茶ノ水駅
神田駅
秋葉原駅
神田駅前
西福田町
小伝馬町駅
日比谷線
外堀通り
丸ノ内線
山手線
京浜東北線
中央線
中央通り
総武線
首都高速1号上野線
新日本橋駅
常盤小学校
YUITO
マンダリン オリエンタル 東京
日本銀行
三井記念美術館
COREDO 室町
日本橋三越本店
半蔵門線
三越前駅
大手町駅
日本橋
日本橋北詰
首都高速都心環状線
北町奉行所跡
永代通り
COREDO 日本橋
新丸ビル
シャングリ・ラ ホテル 東京
日本橋駅
東京駅
丸ビル
大丸 東京店
丸善 日本橋店
東西線
中央警察署
高島屋
皇居外苑
二重橋前駅
KITTE
銀座線
日本橋三丁目
三田線
千代田線
横須賀線
都営浅草線
首都高速都心環状線
東海道新幹線
八重洲ブックセンター
京橋エドグラン
日比谷濠
帝国劇場
東京国際フォーラム
京橋駅
霞ケ関駅
無印良品 有楽町店
東京スクエアガーデン
宝町駅
有楽町駅
東京交通会館
日比谷公園
ニッポン放送
ザ・ペニンシュラ東京
日比谷駅
銀座一丁目駅
京葉線
八丁堀駅
有楽町マルイ
マロニエゲート銀座
有楽町マリオン
有楽町線
数寄屋橋
銀座駅
晴海通り
松屋銀座
銀座三越
東京高速道路
京浜東北線
新橋駅
東銀座駅
新富町駅
豊洲駅
新大橋通り
人形町駅
茅場町駅
0
200m
N

START!

まず一歩目は「ニッポン放送」から！

『ラジオビバリー昼ズ』の発信元、ニッポン放送は有楽町駅のすぐそば。しかも地下鉄日比谷駅はほぼ真下なので、アクセス抜群。だから合言葉は「有楽町に1時」。ある時は歩いて、またある時は電車に乗って、縦横無尽なスタイルのさんぽ会だけど、最初の一歩はいつも有楽町。

真ん前は戦後GHQ庁舎があった第一生命、真裏はペニンシュラホテルという絶好のロケーション。ここから一万歩が散歩の目安。

CHECK POINT 1

駅前で大岡裁き、意外と目立たぬ名所

南町奉行所跡

有楽町駅の地下に入るエスカレーターの真裏の石組みは、作りかけのベンチかと思いきや、南町奉行所の遺構なのだ。テレビや映画で有名な名奉行、大岡越前守が得意顔で「三方一両損」を説いた場所となれば、落語マニアは素通りできまい。立川藤志楼でもある高田センセーも思わずなでなで。

有楽町駅前再開発の前の発掘調査で発見された南町奉行所の遺構。地下広場では、当時、水道管として使われていた木材がベンチとして活躍中。

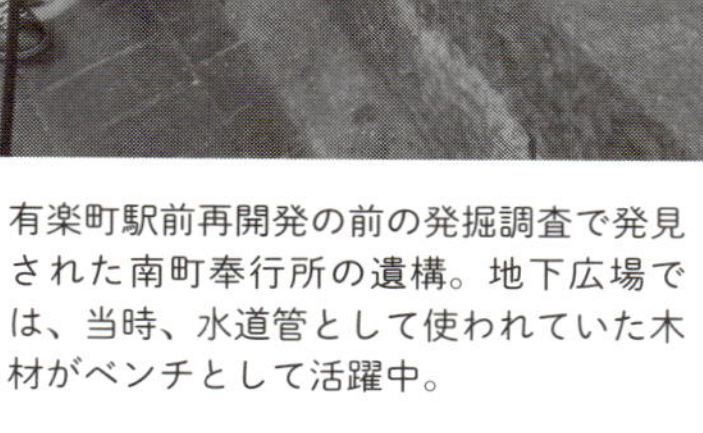

CHECK POINT 2

全国各地のアンテナショップが集結。坂本龍馬も待ってるぜよ

ご当地アンテナショップ街

交通会館の中にもあるけど、外堀通り沿いの銀座1～2丁目あたりも、日本各地のアンテナショップがいっぱい。界隈（かいわい）の出店ラッシュの先駆け、沖縄のわしたショップ本店からツウ好みの福井館まで、数えだしたらキリがない。若干ハリボテ風だけど、江戸散歩的には坂本龍馬像は外せない。時間があったら、脇の路地も歩きたいね。

わしたショップ本店

北海道と共に、今や日本各地に店舗を持つアンテナショップ界の雄。CDも充実しているので音楽ファンも要チェック。

まるごと高知

旨（うま）い日本酒、元祖ぼうしパン、切り落とした頭だけみたいなゆるキャラ・カツオ人間と三題噺のような名物がいっぱい。

茨城マルシェ

名産のメロンを前面に打ち出した商品の登場で、東京中のメロン星人を虜にする。納豆もお忘れなく。

食の國 福井館

界隈ではこぢんまりしたスペース。絶品ソースカツ丼がおすすめ。イートインは狭いが、待つ価値あり！

CHECK POINT 3

銀座唯一の桜並木を愛でるもよし。花よりパンと並ぶもご自由に。ただし、江戸っ子は気が短い

セントル ザ・ベーカリー

デパートや商業ビル内の店舗が多かった銀座のパン事情を一変させたのが、セントル ザ・ベーカリー。開店前からの長蛇の列には圧倒されるが、食パンは絶品。実はサンドイッチも旨く、テイクアウトもできる。

店舗の真上は高速道路。江戸時代は京橋川という人工河川だったが、昭和34年に完全消滅。銀座を取り囲む高速道路はすべて元は川なのだ。

CHECK POINT 4

本好きならここへ！

八重洲ブックセンター本店

言わずと知れた東京駅八重洲南口の「知の巨塔」も、創業四十年。サイン会や講演会も頻繁に行われる八階のギャラリーでは、高田センセーもトークショーをする馴染みの書店なのだ。地下一階から地上八階まで歩けば、頭が良くなる上に健脚にもなれる。今回の散歩の目的は『小説現代』創刊五十周年の展覧会をみること。僕らはすでに散歩中だからエレベーターに乗る権利がある!?

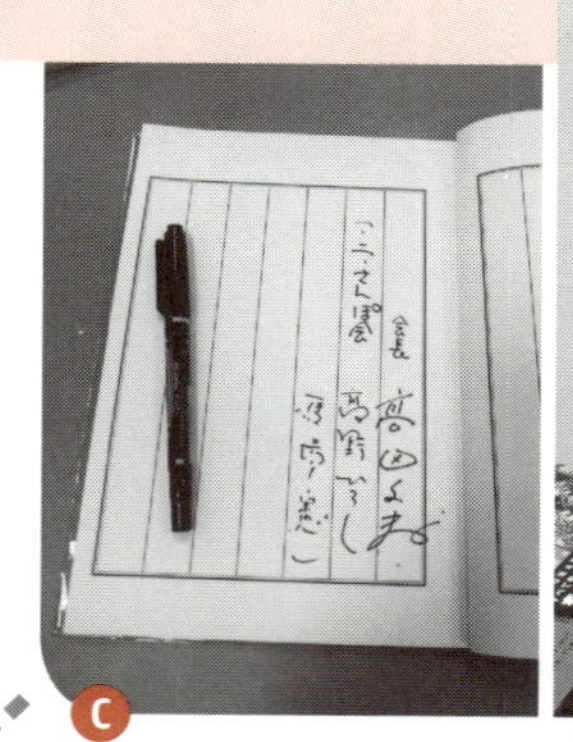

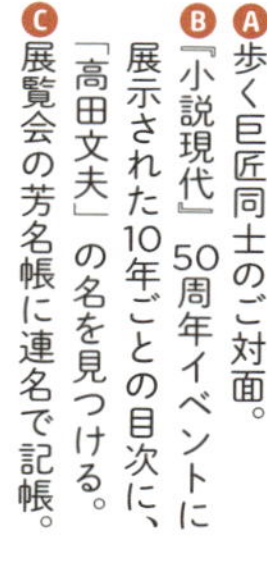

A 歩く巨匠同士のご対面。
B 『小説現代』50周年イベントに展示された10年ごとの目次に、「高田文夫」の名を見つける。
C 展覧会の芳名帳に連名で記帳。

寄り道コラム

髙島屋

日本橋を挟んで三越本店と共に、東京を代表する百貨店として君臨する日本橋髙島屋。昭和八年に竣工し、百貨店建築として日本初の重要文化財に指定された店舗は、落ち着きあるモダンなデザイン。吹き抜けのエントランスやエレベーターもレトロ感満載だ。地下にはお好み食堂、中二階には純喫茶と呼びたくなるような喫茶店も健在で、変わりゆく日本橋の良心と呼びたい傑作だ。

寄り道コラム

北町奉行所跡

東京駅八重洲北口を出て呉服橋方向に少し歩くと、遠山の金さんでお馴染みの北町奉行所跡の記念碑がある。かつては大丸東京店の勝手口みたいな場所にあったプレートが、再開発でようやく日の目を見た。お隣の有楽町駅前には南町奉行所跡があるので、南北の距離はたったひと駅。それだけ江戸の町は狭かったという証拠か。丸の内トラストシティの歩道には、石組みも復元されているので、ぜひご確認あれ。

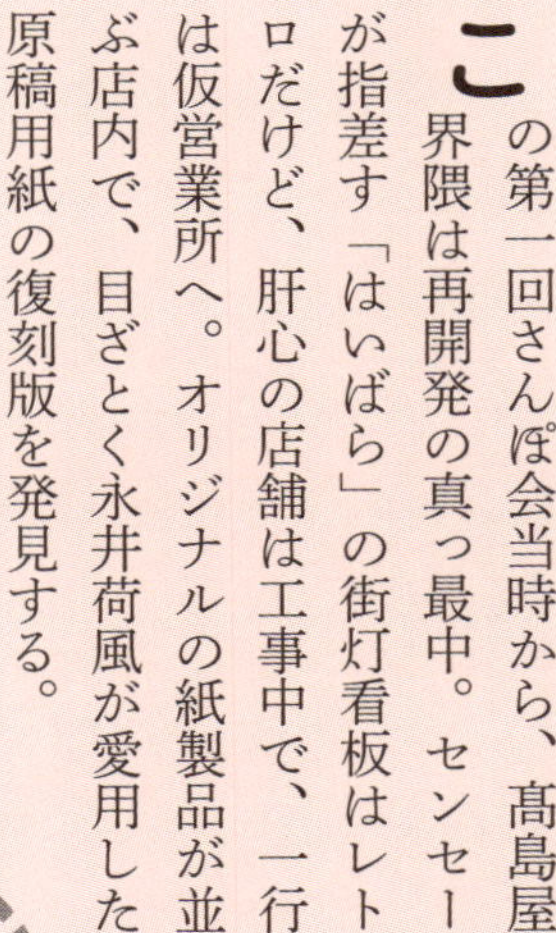

ちなみに遠山左衛門尉は在任3年程度。古典落語『佐々木政談』に登場する北町の名奉行、佐々木信濃守は、後に南町奉行も務めている。

散歩系文豪も愛した名店 はいばら

この第一回さんぽ会当時から、髙島屋界隈は再開発の真っ最中。センセーが指差す「はいばら」の街灯看板はレトロだけど、肝心の店舗は工事中で、一行は仮営業所へ。オリジナルの紙製品が並ぶ店内で、目ざとく永井荷風が愛用した原稿用紙の復刻版を発見する。

CHECK POINT 5

日本橋を代表する老舗和紙店。竹久夢二もここの画工だった。現在は新店舗で営業しており、伝統的な熨斗袋や千代紙から日本橋マスキングテープまで、魅力的な紙製品がいっぱい。

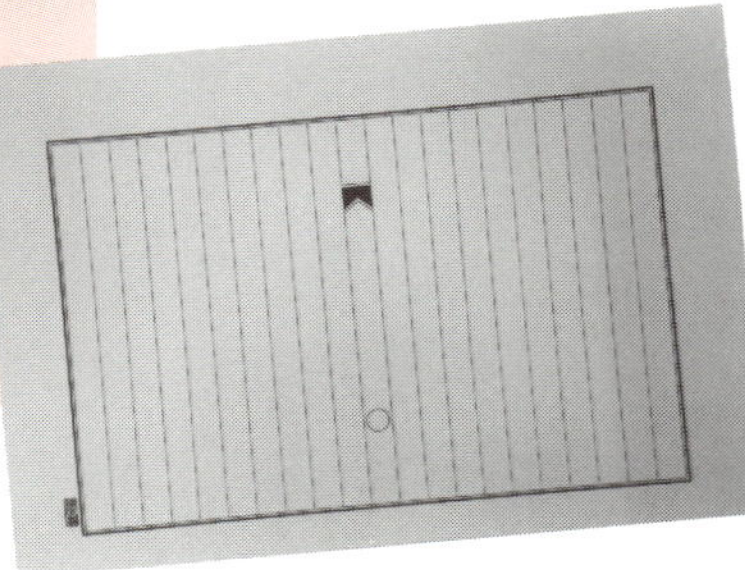

旅の始まりは今も日本橋

CHECK POINT 6

家康の時代から何度も架け替えられてきた日本橋。現在の橋は明治44年完成で、重要文化財に指定されている。

江戸が東京になっても、日本の道は日本橋の真ん中から始まる。「車では何度も通ってるけど、日本橋を歩いて渡るのは初めてだよ」。なんでも知ってる高田センセーも、街歩きはビギナー。橋の中央、上り車線と下り車線の間に、道路元標のプレートが見える。二頭の麒麟（きりん）は、きっとあのプレートの守り神だ。

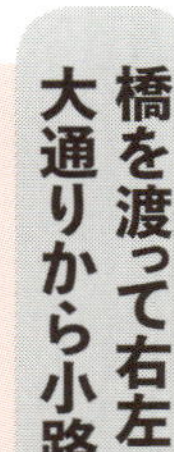

橋を渡って右左、大通りから小路へ

中央通りの両側は、名うての老舗街。三越三井千疋屋（せんびきや）と大きな建物が並ぶ左側、それに負けじと右側にはコレド室町やユイトの商業ビルも増殖したけど、路地横丁好きな御一行。室町小路を入れれば、画材、佃煮、蕎麦屋におでん種。どこか食べ物系の店が多いのは、かつて魚河岸（うおがし）があったせいかも？ 祝杯をあげる店もよりどりみどり。

CHECK POINT 7

Ⓐ江戸の歴史と共に歩む練り物系の老舗・神茂の半ぺんは絶品！ Ⓑレトロな店舗に負けぬ懐かし東京ラーメンを出す大勝軒。 Ⓒ日本画家御用達の画材店、有便堂。 Ⓓ佃煮の名店、鮒佐は、佃島の漁師が作る雑魚の塩煮をヒントに、佃煮の原形を作ったといわれる。

蕎麦屋で憩うのが散歩の本寸法

日本ばし 吉田

「そろそろだな?」高田センセーの呟きは、さんぽ会のゴールの合図。センセー自ら「ここ、いいんじゃない?」と入ったのが町の蕎麦屋のお手本のような店だった。

CHECK POINT 8

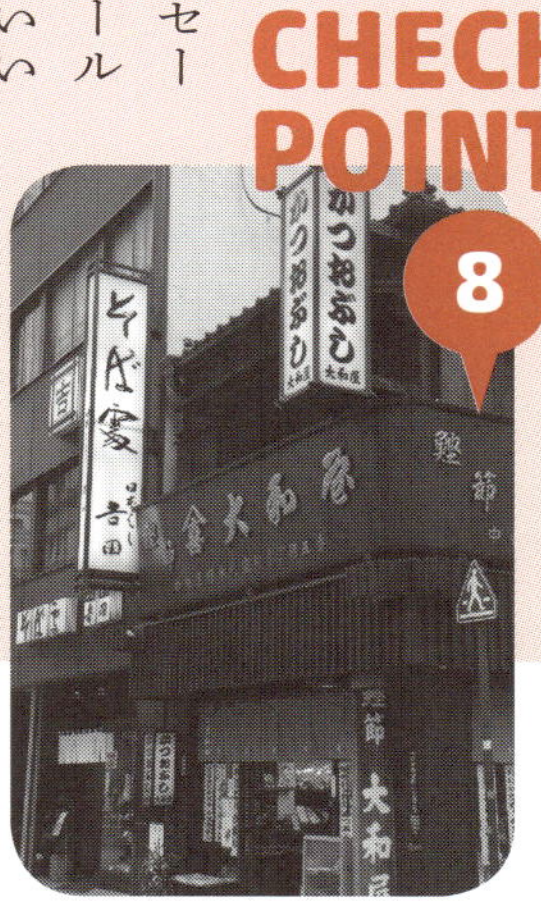

酒の邪魔をしないつまみ、仕上げのもり……蕎麦屋飲みは美しい。気取らぬ風情の「日本ばし 吉田」。

GOAL!

腹ごなしに神田まで

神田駅周辺の飲み屋街はサラリーマンの聖地。昼と夜では表情がガラリと変わる町なのだ。

「吉田」で軽くやって外に出ると、「もうちょっと歩こうよ」というセンセーに、グッときた一行。杖を頼りの病み上がりなのに……。夜の中央通りから神田駅、ガード下の立ち飲み屋を、身をかがめて眺める姿は、好奇心いっぱいの少年だった。

↑人気立ち食い焼肉店と、→消えた名店、ガード下の栄枯盛衰。

高田文夫のひとことコラム

このさんぽ会、実は、八重洲ブックセンターでやっていた、『小説現代』の五十周年の展覧会を観にいこうって誘ったのが、きっかけなの。最初は、高野クンとババちゃんと三人だけ。で、展覧会に行ってみたら、会場に『小説現代』の創刊から十年ごとに記念号の目次がパネルになっていて……。それを見たら、三十周年号にも、四十周年号にも、お歴々とともに自分の名前が入ってたんだよ。これはうれしかったね。「もう一度、仕事をがんばろう。連載をしよう」って勇気をもらった。それがきっかけで連載したのが、『誰も書けなかった「笑芸論」』。その後もいっぱい本を出してるんだから。ちなみに、わたしが本を出すときは、八重洲ブックセンターでイベントをやりますので、これからもよろしく!

ROUTE 2
有楽町→新橋→浜松町

2013年3月1日

松ちゃんも参戦！銀座から芝神明へ

春は名のみの寒さもなんのその。松村邦洋さんもメンバーに加わり、有楽町から銀座を抜けて、新橋覗いて芝神明へ。

高田＆松村というニッポン放送が誇るプレミアムな金曜（フライデー）コンビは、橋はないけど数寄屋橋交差点を皮切りに、今やブランドストリートになった並木通りをテクテク。センセー御用達の靴屋から、クラブのお姉ちゃんとの同伴待ち合わせ場所だった喫茶店。由緒正しき木版画店では往年の役者の絵葉書を掘り出して、「やっぱり銀座はいいね」と呟くセンセー。

名人古今亭志ん生の傑作『黄金餅』にも登場する土橋を過ぎたら銀座から新橋へ。仕事帰りの酔っ払いお父さんの街頭インタビューでお馴染みのＳＬ広場、お隣のニュー新橋ビルは地下居酒屋の宝庫。神田に続き、サラリーマンの牙城たる新橋をうろちょろ。ほぼ路地な参道を通って、名も高き烏森神社を参拝して、古今亭なんて名前の飲み屋を見つけて、志ん生さんの語り口を思い出したり。

赤レンガ通りを進むと、当時まだ大工事中だった新虎通りにぶち当たり、浅野内匠頭が切腹した田村右京太夫屋敷跡が近いとなると、歴史ヲタク松ちゃんの独壇場。界隈の銘菓、切腹最中の新正堂に立ち寄ると、高田松村コンビの登場に、社長さんも駆け付けた！

伊達藩ゆかりの鹽竈神社をお参りし、新橋を抜ければ芝大門。「芝で生まれて神田で育ち〜」と、江戸っ子自慢の土地。今は亡き元巨人軍の中井康之さんに会う偶然も、芝大神宮の思し召しか？　心肺停止経験者の散歩ビギナーふたりが、早くも一万歩達成なんて、まだ夕方だけど、飲まずにはいられない！

START!
数寄屋橋交差点
1 UGG（現在は移転）
2 凮月堂
3 渡邊木版美術画舗
並木通り
4 GINZA 9
5 土橋交差点
6 新橋駅前 SL広場
7 烏森神社
赤レンガ通り
8 新正堂
9 鹽竈神社・塩釜公園
10 芝大神宮
GOAL! 更科布屋
おまけ 文化放送
出世街道
鳥割烹古今亭
芝大門なかい
日比谷駅
有楽町駅
東京駅
大手町駅
有楽町マリオン
数寄屋橋
銀座駅
晴海通り
丸ノ内線
日比谷公園
帝国ホテル
霞ケ関駅
国会議事堂前駅
千代田線
東京高速道路
イイノホール&カンファレンスセンター
交詢ビル DININGS&STORES
三越銀座店
日比谷線
GINZA SIX
東銀座駅
外堀通り
中央通り
内幸町駅
銀座線
第一ホテル東京
難波橋
銀座グランドホテル
都営浅草線
SL広場
烏森神社
新橋駅銀座口前
新橋駅
ニュー新橋ビル
都営大江戸線
新橋三丁目
桜田公園
汐留シティセンター
環二通り
ロイヤルパークホテルザ汐留
都営三田線
日比谷通り
鹽竈神社
新橋福祉会館前
山手線・東海道本線・京浜東北線
東海道新幹線
汐留駅
ゆりかもめ
ホテルヴィラフォンテーヌ東京汐留
愛宕警察署北
御成門駅
愛宕警察署
愛宕警察署前
浜離宮恩賜庭園
お台場海浜公園駅
芝パークホテル別館
慶應義塾大薬学部
港区役所
芝大神宮
芝公園駅
大門駅
大門
横須賀線
海岸通り
首都高速環状線
世界貿易センタービル
浜松町駅
旧芝離宮恩賜庭園
東京モノレール
田町駅
隅田川
0 200m
N

START!

スクランブル交差点の本家本元はここ!

数寄屋橋交差点

大学時代、高田センセーが頻繁に目撃した赤尾敏さんが熱弁を振るった数寄屋橋交差点。岡本太郎のオブジェもあればペコちゃんもいる、まるごと銀座の名物だ。フランク永井を口ずさみ、斜め横断の元祖総本家を歩くのが、大人の散歩だ。

四つ角すべてに街のランドマークがある東京屈指の交差点。現在は建て替えや再整備が進み、子供時代の高田センセーも行ったという不二家があるビルが、今や最古参という激変振り。

並木通り 5丁目

銀座通りは別格として、銀座八丁を貫く重要な道が並木通り。シックな大人の店が軒を連ね、ポストも深緑色とオシャレさん。銀座の昼も夜も詳しいセンセーの「大人の銀座」解説を聞きながら歩く並木道。偶然、履いてた靴を買った店にも遭遇。も〜、この出会い上手がっ!

CHECK POINT 1

カリフォルニアからやってきたブーツの名店

高田センセー御用達の靴屋

さんぽ会の前日に高田センセーが買っていたアグのシューズ! 今は銀座一丁目に店舗が移転している。

CHECK POINT 2

有名喫茶店には別の顔があったのだ

凮月堂

並木通りとみゆき通りの角にある凮月堂は、バブルの頃、場所柄、クラブに勤める女性と同伴する人の待ち合わせ場所だったと、その筋にも詳しいセンセーの解説。

寄り道コラム 出世街道

さんぽ会一行が買物した「渡邊木版美術画舗」と「俺のフレンチ」の間の細い路地を出世街道という。この路地をまっすぐ内幸町(うちさいわいちょう)方面に向かうと国会通りにつながり、そのまま国会議事堂に行けるのだ。界隈で飲食中の田中角栄(かくえい)が、頻繁に呼び出されて、ここを通って国会に向かったことから名付けられたとも言われる。というとなんとも生々しいけど、鮨屋の名店やギャラリーもある、上品で小粋な路地なのだ。

ギョロ目をキラリと光らせお店に入っていく高田センセー。店内に置かれたさまざまな木版画を眺め、ポストカードの入ったクリアファイルまで入念にチェック！ 大河内伝次郎(おおこうちでんじろう)の役者絵を見つけると、さっそく購入！ 丹下左膳(たんげさぜん)の表情を真似ておどけてみせる茶目っ気(ちゃめっけ)も最高！ 散歩途中の買物も、この会の楽しみのひとつ。ちなみに、この店舗の横にある路地が、知る人ぞ知る出世街道と呼ばれる小路(こみち)なのだ！

創業百年を超える木版画の老舗(しにせ) 渡邊木版美術画舗

CHECK POINT

浮世絵から現代の木版画までを扱う店内には、名画絵葉書もいっぱい。風景以外にもセンセーが買った大河内伝次郎などの役者絵も揃っている。

CHECK POINT 4

高速道路の高架下に広がる「銀座9丁目」

GINZA9

銀座は8丁目までしかないのに銀座ナイン。バスを待つ東南アジアの観光客で溢れ返る御門通り沿いの高架下は、今の銀座の象徴だ。ダンスの衣装やアクセサリーの専門店が多いのも、この商店街の特徴。地下にはサラリーマン御用達の格安食堂やチェーンの居酒屋も完備。高速道路の向こう側はもう新橋エリアだ。

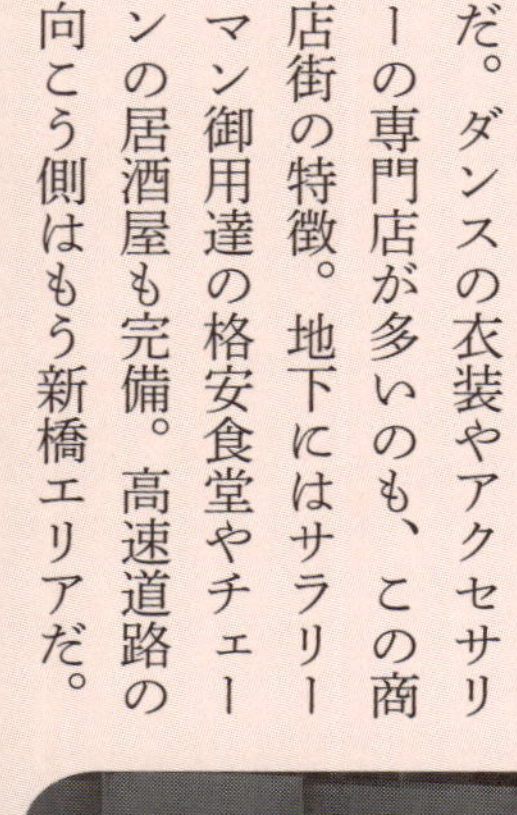

中央通りが第一京浜と名を変える場所から御門通り沿いの高架下に伸びる商店街。今をトキメク「GINZA SIX」にはないレトロ感がたまらない！

CHECK POINT 5

名作落語にも登場する由緒ある土地

土橋交差点

今はただ高速道路の入口があるだけの土橋だが、かつては汐留川に架かる橋だった。落語『黄金餅』に登場する一行は、中央通りから土橋で新橋エリアに入り、虎ノ門、神谷町、飯倉と歩く。新橋駅ガード下にあるという立ち食いそば屋の「ポンヌッフ」は、フランス語で「新しい橋」という意味。

古典落語『黄金餅』の、上野から麻布までを歩き倒すシーンで、主人公たちが通るポイント。

CHECK POINT 6

街頭インタビューの定番にして、サラリーマンのオアシス

新橋駅前　SL広場

新橋駅前のランドマーク。テレビ番組の街頭インタビューといえば、年寄りは巣鴨、おばさんは銀座、そしてサラリーマンはSL広場と決まってる。

CHECK POINT 7

飲み屋街の路地奥に鎮座する、必勝祈願と商売の神

烏森神社

平安時代の勇猛果敢な武将、藤原秀郷（ふじわらひでさと）（俵藤太（たわらとうた））が戦勝の御礼に建立したという由緒正しい神社。明暦（めいれき）の大火でも奇跡的に焼け残った強力なパワースポットだ。周囲の飲み屋の誘惑を断ち切り、家内安全商売繁盛。近所には有名な宝くじ売場も！

界隈の町名としても長く使われた由緒ある神社。技芸上達のご利益もあるので、松ちゃんは深々と頭を垂れる。

物笑いの種になる酔っ払ったお父さんの街頭インタビューで有名なSL広場。駅周辺こそ飲食店の嵐だが、ちょっと離れれば東京屈指のビジネス街。汐留も虎ノ門も目と鼻の先で、働き者の集う街。実は、高田センセー未踏の地だ。酒好きの一行はすでに飲む気満々。

寄り道コラム

古今亭

高田センセー始めメンバー全員が落語好きなこの会、落語に関わる固有名詞には敏感に反応してしまう。ここは明治二十七年創業の鳥割烹の店。創業百余年の店が路地裏にあるところが、この街の奥深さだ。

CHECK POINT 8

ビジネス街には欠かせない、仕事をしくじった人のお詫び手土産

新正堂

場所柄、四十七士にちなんだ和菓子も多い新正堂に、いきなりセンセーと松ちゃんがあらわれたもんだから、お茶は出てくる、社長さんは出てくるの大騒ぎ。散歩に買い食いスポットがあると、士気が上がる!?

閉じた最中から餡が飛び出していることから、切腹してお詫びしますの意を込めて贈られるようになった「切腹最中」。

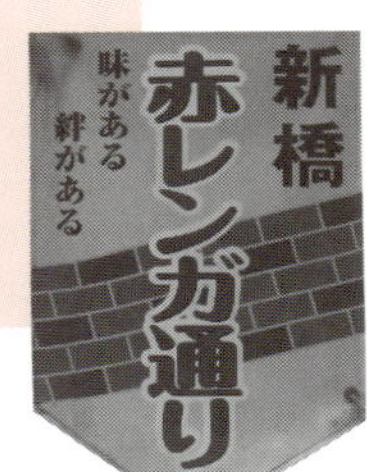

CHECK POINT 9

伊達藩ゆかりの神社で、彼の地の復興祈願を

鹽竈神社・塩釜公園

明治初期に煉瓦造りの勧工場（百貨店の前身）があったので、こう呼ばれたという赤レンガ通り。飲食街がしだいにオフィス街になるあたりで、小道の脇にあられる鹽竈神社。伊達政宗にまつわる歴史物語は、もう松ちゃんの独壇場だ。

江戸時代は伊達藩中屋敷の敷地内にあった神社。公園は明るいが、社殿周りは鬱蒼とした風情が漂っている。

CHECK POINT 10

芝大神宮

浮世絵にも描かれた関東のお伊勢さま

江戸時代には、あの遠山金四郎屋敷や、代々の将軍家剣術指南役を務めた柳生藩上屋敷などが居並ぶエリアを通り、芝神明商店街に突入。和菓子の芝栄太楼を見つけ、「あぁここも江戸東京の本場なんだ」と実感する一行。落語なら年の暮れを象徴する「大神宮様のお祓い」、歌舞伎『め組の喧嘩』でも有名な芝の神明宮の参道が、右手に伸びている。散歩も終盤でさすがに石段は登らず、大鳥居前で参拝。右奥の年季の入った日本家屋路地を少し見学。

「大神宮様のお祓い」として落語ファンにも馴染み深い。厄除けの生姜が名物で、社務所で生姜飴も買える。

高田文夫のひとことコラム

ふと横を見たら、いました！ 心肺停止の友が！ というわけで誘ったのが、松ちゃんこと、松村邦洋。バウバウである。この回から新メンバーに加わりました。

毎週、喋ってるニッポン放送を起点に、お膝元の銀座をぶらぶらと。子供の頃に、親父に連れてこられた数寄屋橋の不二家から、バブル期には銀座のお姉ちゃんとの同伴前の待ち合わせ場所だった「凮月堂」、さらにはサラリーマンの聖地（でも初めて行った！）新橋飲み屋街を抜けて、目指すはあの芝の大神宮ですよ！

二回目からのフルコース一万歩も問題なし！ 松ちゃんのモノマネも冴えわたる。合言葉は、〝心臓止めるな、タクシー停めろ〟。あっ、さんぽ会だから、タクシーは停めないのか！

GOAL!

まだ日差しが残る午後四時前後、サクッと飲めば疲れも吹っ飛ぶ

更科布屋

センセーの「そろそろ、だよね」が合図、芝大門でいつでも飲めるといえば、更科布屋に決まってる。初回の6000歩から一気に記録更新しての一万歩。しかも初参戦の松ちゃんもいるのに。正直、前回は試運転、今回の散歩で完全にイケるぜ、と確信した打ち上げの一杯の旨いことといったら……。心肺停止コンビ、もはや心配停止！

寛政年間創業という老舗でありながら、昼と夜、通しでの営業をする蕎麦屋の鑑（かがみ）がここ「芝大門 更科布屋」。昼飲みも、夕飲みもOKな強い味方。

散歩の思い出

「芝大門なかい」と浜松町界隈

芝神明商店街の居酒屋の看板に松ちゃんが反応した途端に現れたのは、居酒屋の主人、元ジャイアンツの中井さん。「今日は予約が一杯で」と残念そうな顔が、中井さんの最後の姿になった。一緒に飲みたかったです（合掌）。

おまけ

文化放送

ニッポン放送の顔だというのに、オチャメにも程がある！

――万歩を踏破して、祝杯も挙げて上機嫌のセンセー。「浜松町といえば、文化放送だよな」と、駅前の高層ビルへ。正面玄関前で記念撮影したら、ガードマンに叱(しか)られるわ、文化放送のお偉いさんが挨拶(あいさつ)に来るわの、爆笑のおまけ散歩。

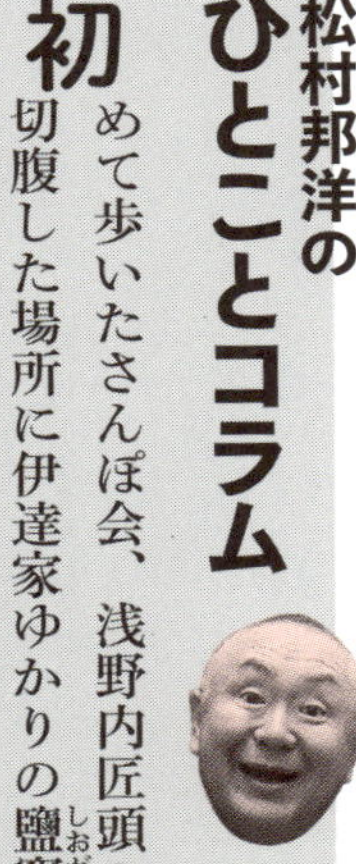

松村邦洋のひとことコラム

初めて歩いたさんぽ会、浅野内匠頭の切腹した場所に伊達家ゆかりの鹽竈(しおがま)神社、知られざる歴史名所満載で、とっても勉強になりましたね～。

やはりいちばんの思い出は、最後に行った芝ですね。歩きながら、元巨人の中井さんの居酒屋が近くだったよなと思って……。居酒屋「芝大門なかい」は、仕事でも、プライベートでも何度も行ったお店だったんです。そしたら通りかかった時に、中井さんが飛び出してきて！「松ちゃん、なにやってるの～。センセー、元気になってよかったね～」って。現役時代は、阪神の山本和行(かずゆき)投手からよく打ってました。その話をしたら、喜んでましたね～。この翌年、お亡くなりになって。偶然だけど、最後にお目にかかれたことも、いい思い出になりました。

ROUTE 3

森下→清澄白河→門前仲町

2013年11月8日

江戸歩きの真打・深川。松ちゃんここで一句

「東京右側さんぽ」の真骨頂、今回は、いよいよ大川渡って深川へ! 散歩界の二大巨匠、松尾芭蕉と伊能忠敬ゆかりの地へと乱入だぁ～!

たまには趣向を変えて大川越えるか……ってなことで、地下鉄乗り継いでさんぽ会の五人組がやってきたのは、江東区森下駅。散歩物件目白押しの深川歩きだ!

……いきなり元祖カレーパンを買い込む松ちゃん、フフフ(この頃はライザップやってなかった)。まずは深川発祥の地・深川神明宮をお参りし、突き当たれば芭蕉記念館。かの俳聖、松尾芭蕉ゆかりの地とあれば、「ほら、松ちゃん、一句詠まないと!」と仕向ける高田センセーはイタズラっ子の笑顔。そのまま隅田川と小名木川の合流点に鎮座する芭蕉像を訪問し、頭をひねって句をひねる一行に、芭蕉もきっと呆れ顔だろう。

当時まだ健在だった北の湖部屋、大嶽部屋を脇から覗き、お寺が立ち並ぶ静かな路地を抜けて清澄庭園に出る。センセーも先刻ご承知の深川江戸資料館のある資料館通りから、するり横道に入れば、かの紀伊国屋文左衛門の墓所の前。立入禁止だったけど、奥にみかんの木があったっけ。清澄通り沿いのモダン長屋群を眺めながら海辺橋を渡ると、ふたたび芭蕉さんが。やっぱり深川のＶＩＰだなぁ。あっという間に門前仲町。「いいねぇ」とセンセーもうっとりの辰巳新道のんべえ横丁に後ろ髪引かれる面々だが……。

フィナーレはお不動様に八幡様、深川が誇る二大社寺を巡り、見事な松村関の土俵入りも奉納し、午後五時前だけど、当然祝杯でしょ? そしたらもう一軒行くでしょ? と、江戸の頃から栄えた深川の真ん中で、さんぽ会の夜は更けていくけど、一句も詠めない!

START! 森下駅
1 カトレア
2 深川神明宮
3 江東区芭蕉記念館
4 清洲橋ゴルフセンター
5 芭蕉稲荷神社・正木稲荷神社・芭蕉像
6 萬年橋
7 横綱通り
8 三野村株式会社
9 本誓寺の路地
10 清澄庭園
11 深川江戸資料館
12 成等院
13 清澄長屋
14 滝沢馬琴生誕の地
15 海辺橋・採茶庵跡
16 小津安二郎生誕の地
17 辰巳新道
18 永代寺
19 深川不動堂
20 富岡八幡宮
GOAL! 万俵・バー オーパ
両国駅
森下駅
新大橋通り
都営新宿線
住吉駅
新大橋
START!
深川神明宮
江東区芭蕉記念館
森下三丁目
萬年橋北
常盤一丁目
隅田川
都営大江戸線
芭蕉稲荷神社
小名木川
萬年橋
元北の湖部屋
深川稲荷神社（布袋尊）
大嶽部屋
清洲橋
清澄白河駅
半蔵門線
貴闘力の焼肉屋
清洲橋通り
中村学園北
道本山霊巌寺
雄松院
開山堂
深川江戸資料館
深川江戸資料館東
大正記念館
清澄公園
清澄庭園
三越前駅
松永橋
清洲橋
深川図書館
亀堀公園北
江東区平野児童館
平野
清澄通り
木更木橋北
木更木橋南
首都高速9号深川線
心行寺
法乗院
茅場町駅
葛西橋通り
深川一丁目
和倉橋
八幡橋
東西線
成田山深川不動堂
深川公園
門前仲町駅
横綱力士碑
永代寺
臨海公園
臨海公園前
富岡八幡宮
京葉線
伊能忠敬像
八丁堀駅
越中島公園
豊洲運河
大関力士碑
万俵
GOAL!
バー オーパ
永代通り
N
0
200m
月島駅
牡丹町公園

START!

深川歩きは美味な街から始めよう

森下駅

落語好きは大川と呼びたくなる隅田川。数ある名橋の中でも浮世絵にも描かれた新大橋から続く通りと、その大川に寄り添うように走る清澄通りが交わる森下駅前交差点。さんぽ会初めての大川の向こう側、深川歩きのスタートに相応しい場所だ。

大きな火消しの纏のある交差点が目印の森下駅。下町洋食の「煉瓦亭」、桜鍋の「みの家」、煮込みの「山利喜」と、美味しい名店がしのぎを削るグルメスポットでもある。

CHECK POINT 1

松ちゃんもニンマリ、いきなりの買い食いスポット

カトレア

元祖カレーパンの店として有名な、創業明治10年のパン屋「カトレア」。シベリアもぜひ試してほしい。しっとり系の優しい味は、他店のものとは一味違う。小籠包チックなぶたまんもいける。できたてに巡り合えたら幸せ者。

CHECK POINT 2

意外と控えめな深川発祥の地

深川神明宮

カトレアの先を曲がると地味めな神社が。目立つのは神輿蔵のシャッターに描かれたパワフルなお祭り風景と併設の幼稚園。深川不動堂や富岡八幡宮ばかりが有名だけど、この深川神明宮こそが、深川発祥の地なのだ。美人画の伊東深水の生誕の地も近い。本家本元は控えめってのも江戸っ子気質かも。

CHECK POINT 3

俳聖にして健脚王のゆかりの地でお勉強

江東区芭蕉記念館

深川といえば芭蕉さん。松尾芭蕉の庵（いおり）があり、ここから奥の細道に旅立ったとくれば、そりゃ記念館もありますわ。「じゃぁ、松ちゃん、ここで一句」と高田宗匠ムチャ振りに、「芭蕉さん……」と必死で詠みだす松村さんの、ひとり句会開始！

この地を開拓した深川八郎右衛門が、家康公から命じられ、自身の苗字を地名にしたのが由来。彼の屋敷内に祀った祠が、神明宮の起源といわれる。

CHECK POINT 4

東京屈指のコンパクト練習場あります

清洲橋ゴルフセンター

萬年橋（まんねんばし）の近くにひっそり佇（たたず）む、隠れ家のようなゴルフ練習場。年季の入った建物の屋上にあり、練習フロアへ向かう外階段もなかなかの風情。緑のフェンスに囲まれた、こぢんまりとした様子は、ローカル&レトロ感満載。

CHECK POINT 5

隅田川を見つめる芭蕉翁の前でも、平気で一句ひねる勇気

芭蕉稲荷神社・正木稲荷神社・芭蕉像

徳川家康が水運利用のために作らせた運河・小名木川が隅田川と合流する角に鎮座する芭蕉像の前で、カレーパン休憩。この座像が時間で回転すると聞いて驚く面々を尻目に、句作に励む松ちゃん。「カレーパン……」と詠み出し一同大爆笑。「で、続きは？」とたたみかける宗匠の笑顔。

Ⓐ芭蕉庵史跡展望庭園にて。Ⓑ江戸時代からのおできの神様、正木稲荷神社。Ⓒ俳句を嗜む(たしな)なら参拝必須な芭蕉稲荷神社にはⒹ句碑も。

CHECK POINT 6

芭蕉も渡り、北斎も描いた名橋健在なり

萬年橋

江戸時代より幾度となく架け替えられてきた萬年橋から隅田川方向には、流麗な清洲橋のフォルムが見える。振り返れば、いかにも人工河川というような一直線の小名木川がのびている。橋を渡ると街が変わる。芭蕉さんからお相撲さんの街へ。俳句で七転八倒した松ちゃんも、ここにきて得意分野に！

江戸切絵図にも載る萬年橋は、葛飾北斎の浮世絵でも有名。現在の橋は関東大震災後に建造されたもの。夜のライトアップも美しい。

CHECK POINT 7

鬢付け油の匂い漂う力持ちが行き交う道

横綱通り

清澄に相撲部屋が多いのは、国技館や相撲に縁が深い富岡八幡宮が近いせいだろうか？　若手力士の出身校まで熟知する松ちゃんと、相撲中継は欠かさないセンセーの相撲談義は止まらない。

大鵬道場こと大嶽部屋、尾車部屋、錣山部屋に髙田川部屋と相撲部屋が集まり、以前は北の湖部屋（写真上）もあったので、自転車に乗る巨漢も頻繁に通る。

CHECK POINT 8

戦前のレトロ建築が点在する清洲橋通り

三野村株式会社

三井財閥の基礎を築いた大番頭・三野村利左衛門が創業した会社は、しっかり健在。建物は玄関周りの意匠も素晴らしいレトロビルだ。清洲橋通りには、竣工時はハイカラなマンションだった清洲寮もあり、建築見物も楽しい。

寄り道コラム

貴闘力の焼肉屋

横綱通りから清洲橋通りに出た角に、松ちゃんの強烈な物真似でお馴染みの貴闘力さんの焼肉屋・ドラゴがある。国技館での五月場所見学の後、ここでちゃんこ鍋をつついた記憶も新しい……焼肉屋だっていうのにねぇ。

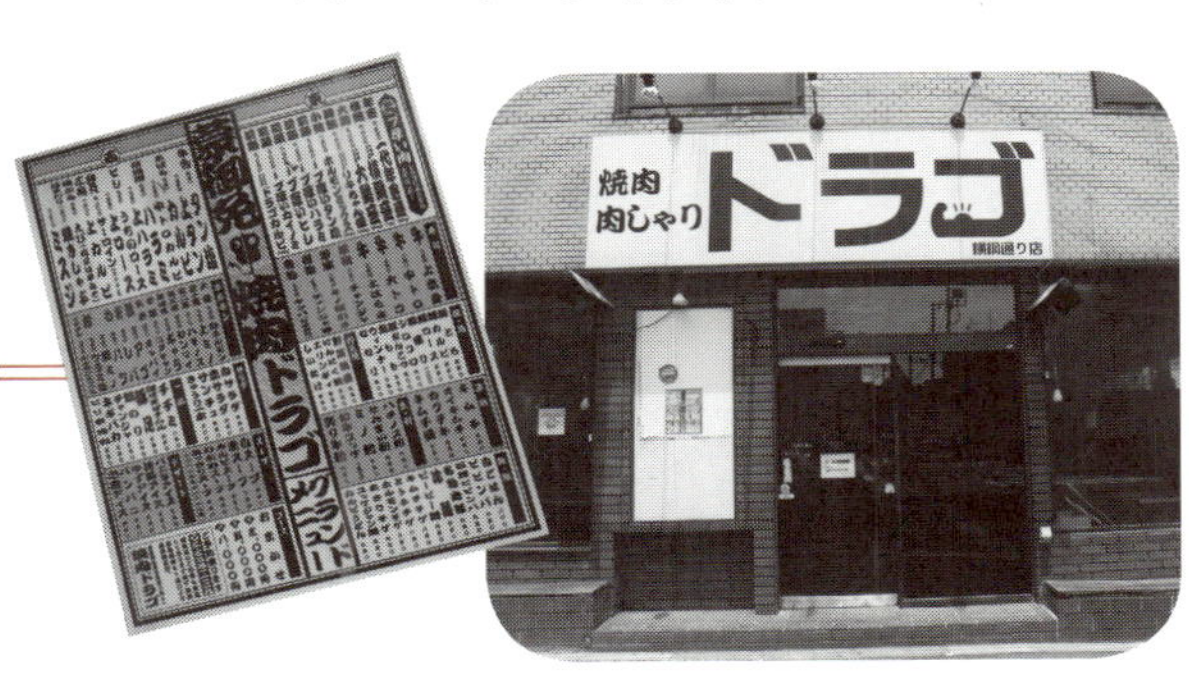

CHECK POINT 9

本誓寺の路地

寺町の閑静な路地に、江戸のコスメ王を見つける

大通りの交差点近くなのに、不意に路地が顔を出すというのも深川歩きのお楽しみ。寺町の石畳が敷かれた小路の途中に、家康の信任も厚かったという柳屋（やなぎや）の始祖の墓所が。ちなみにポマードの柳屋で、お味噌汁の柳家（小（こ）さん）ではないので、念のため。

薬草に精通し、白粉、練紅等の製造販売もした唐人・呂一官（ろいっかん）は、江戸初期には紅屋（べにや）と称し、現在の柳屋の祖となった。

CHECK POINT 10

清澄庭園

時代の豪商や大名たちに受け継がれてきた名園

一時期の荒廃を岩崎弥太郎が再生した江戸の大名庭園。

清澄庭園は、各地から集められた石を愛（め）でるという、国内でも珍しい庭園。雨上がりが見頃なのだ。だから石が輝く広い芝生お隣の清澄公園は、広場や緑深い木々のある住民憩いの場で、休日には家族連れがいっぱい。その一隅には趣（おもむき）のある図書館もある。

深川江戸資料館

水の町だった江戸時代の深川に、一瞬でタイムスリップ

江戸の町屋が実物大で展示される深川江戸資料館は、館内のホールで頻繁に落語会も催されるので、「ここ、何度か来たよ」とセンセーもご存知の場所。立川談志（たてかわだんし）家元の伝説的番組『落語のピン』の収録場所としても、ファンには馴染み深い。

CHECK POINT 11

穀物取引で賑わった深川佐賀町の河岸と家並みを再現した江戸アミューズメントパーク。

CHECK POINT 12

伝説の江戸の豪商、深川の地に眠る

成等院

深川江戸資料館のある深川資料館通り界隈は、深川随一の寺町。ギャラリーやカフェ、古書店など、新しい店も増えてきたが、一本入れば軒並みお寺ばかり。紀伊国屋文左衛門の墓所は、散歩当時は、東日本大震災の被害を受け、まだ修復中だった。「沖の暗いのに白帆が見える……」の歌詞で有名なかっぽれを歌うのも忘れずに。

成等院の一隅には、みかん船で有名な紀伊国屋文左衛門の墓がある。富岡八幡宮に多大な寄進をし、深川とは縁が深い。晩年は八幡宮近くに住んだといわれるが、眉唾ものの伝説も多い。

CHECK POINT 13

大通りに面した個性豊かなモダン長屋

清澄長屋

清澄通り沿いに細長いハモニカみたいに続く長屋は、昭和初期に関東大震災の復興事業として造られた建築群。リノベーションしてお洒落なカフェや雑貨店が入り、その多くが今なお現役だ。

CHECK POINT 14

江戸を代表する大作家、ここに生まれる

滝沢馬琴生誕の地

滝沢馬琴は、下級武士の子としてこの地に生まれた。名戯作者・山東京伝（さんとうきょうでん）の弟子となり、後に28年をかけて、長編物語『南総里見八犬伝』を書いた。その全106冊を積み上げたオブジェが記念碑になっている。

CHECK POINT 15

芭蕉さんとツーショットなら、インスタ映え間違いなし！

海辺橋・採茶庵跡

隅田川の近くにいた芭蕉さんが、いつの間にか海辺橋のたもとに旅姿で座っていた。しかもお隣の清澄橋までの遊歩道には、芭蕉の名句が書かれたプレートがたくさん設置されている。両岸は桜並木なので、春には花見客も多いエリアだ。初めて訪れた人の多くは、書き割り風な採茶庵（さいとあん）の裏側を覗いて、びっくりする。

芭蕉は、高弟で蕉門十哲のひとりで、経済的な支援者でもあった杉山杉風（さんぷう）の別邸、採茶庵から奥の細道の旅に出発したといわれている。

CHECK POINT 16

世界に誇る日本映画界の巨匠は深川っ子

小津安二郎生誕の地

日本映画の巨匠、小津安二郎は、明治36年に深川で生まれた。家は湯浅屋という肥料問屋だったという。当時はまだ風情があった深川の原風景は、小津映画に生きているのかも。

まるで映画のセット奇跡の飲み屋街

辰巳新道

「いやぁ〜、素晴らしいね！」とセンセーも絶賛した深川屈指ののんべえ横丁は、門前仲町交差点からひょいと入ったところに突如出現する。その醸（かも）し出す昭和な雰囲気は、新宿ゴールデン街以上かもしれない。戦後のスタート時期から今も営業を続ける店もある。

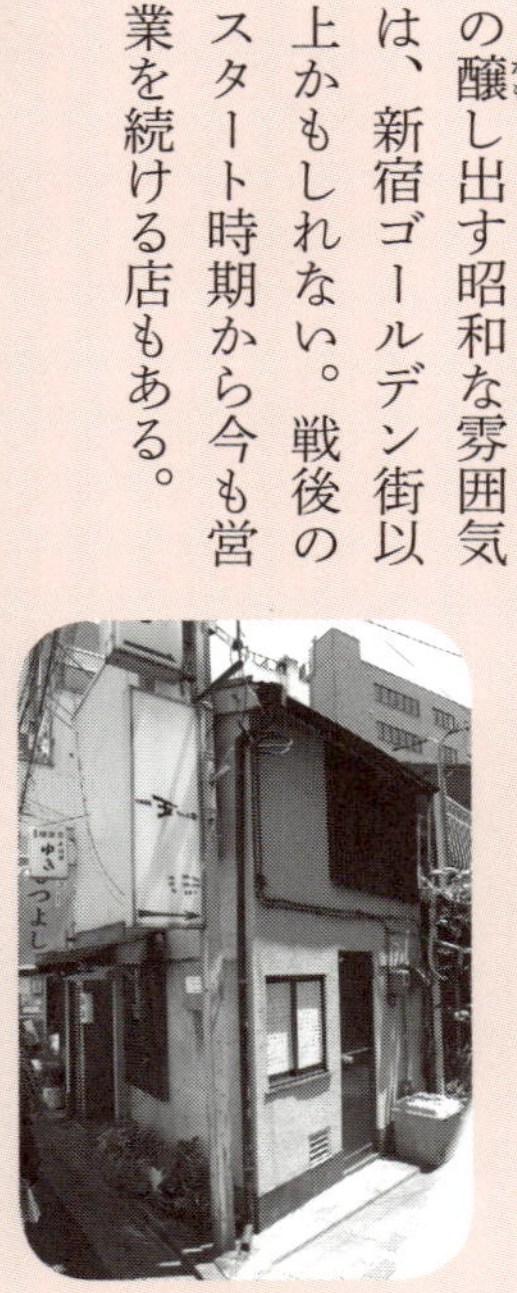

CHECK POINT 18

永代寺

江戸時代、深川屈指の広大な寺も、今はこぢんまり

現在は深川不動堂の参道に、ちょいと顔を出す程度の永代寺(えいたいじ)だけど、江戸切絵図を見ると、その境内の大きさに驚く。しかも周辺の土地も広く所有し、かつては江戸六地蔵のひとつがあったほど。今はお地蔵様も消え、静かで穏やかな余生を送っているかのよう。

創建当時は富岡八幡宮を管理する別当寺だったが、明治の神仏分離令で廃寺になり、後に再興された。

CHECK POINT 19

深川不動堂

江戸っ子が大好きなお不動様は、いつも大賑わい

心願成就や商売繁盛、出世や必勝にもご利益ありという深川不動堂。毎月1日、15日、28日の縁日には、一層賑わう。モダンな本堂から続く内部には、誰でも入場ができ、順を追って巡る各部屋には、日本最大級の天井画なども飾られ、外界とは別世界のようだ。

成田山新勝寺(なりたさんしんしょうじ)の東京別院。成田不動尊への信仰から五代将軍綱吉(つなよし)の生母桂昌院(けいしょういん)が出開帳を実現させたのが、当地別院の発端とか。

CHECK POINT 17

戦後の混乱期、一本道の両脇に、肩を寄せ合うように建てられた飲み屋群、辰巳新道。今も二十数軒が営業中だ。

CHECK POINT 20

勇壮な水掛け祭と相撲ゆかりの八幡様

富岡八幡宮

将軍家から庶民まで厚い信仰を得た富岡八幡宮。神輿の担ぎ手が水を掛けられながら練り歩き、大祭では辰巳芸者伝承の手古舞(てこまい)や鳶頭(とびかしら)の木遣(きやり)も出る8月の深川八幡祭り。日枝神社の山王祭、神田明神の神田祭と共に江戸三大祭りと呼ばれる。

さてさて深川散歩も終盤戦。芭蕉エリアで手こずった松ちゃんも、相撲ゆかりの富岡八幡宮ならこっちのもの。横綱の碑の裏に刻まれた歴代横綱の名前を眺めながら、「東富士(あずまふじ)! 好きだったんだよなぁ……」と感慨にふけるセンセーの横で、松ちゃんはきっちり土俵入り。境内を出て都内最古の鉄橋、真っ赤な八幡橋(旧弾正橋(だんじょうばし))も見所だ!

江戸勧進相撲発祥の地として、100年にわたって本場所が行われていた。総重量20トンの横綱力士碑には歴代の横綱の名前が刻まれ、新横綱誕生の際には、土俵入りが奉納される。大関力士碑、巨人力士碑、強豪関脇碑もある。

午後1時から昼夜の通し営業する「万俵」は、散歩飲みには天国だ。

GOAL!

万俵

万俵・バー オーパ
早めに飲むのはお約束、仕上げは良きカクテルで

さて本日結びの一番は、深川二大散歩王の伊能忠敬（いのうただたか）。日本を半端なく歩き倒した俳人と測量家ゆかりの深川を、さんぽ会が歩くのも何かの縁。八幡様近くの「万俵（まんぴょう）」で、誰より早く夕暮れ乾杯！　仕上げは歩いて数十秒の「オーパ」で軽く洒落（しゃれ）飲みをキメた深川の夜。

数々のコンテスト受賞歴を持つバーテンダーたちがカクテルの真髄を。

測量に出る際は八幡宮を参拝した伊能忠敬の記念像。立川志（し）の輔（すけ）の落語『大河への道　伊能忠敬物語』も名作だ！

高田文夫のひとことコラム

松ちゃんの〝見たまま俳句〟が響く深川の芭蕉歩きから、大鵬、北の湖の相撲部屋、最後は富岡八幡宮の横綱の碑があって、まさに江戸情緒をたっぷりと歩いたのが、この回！　この頃は、たしか元貴闘力関の焼肉屋も、できたばかりだったんじゃないかな。「松ちゃん、貴闘力関の義理のお父さんって、誰だっけ？」「パイポーですよ、パイポー」って、みんなで爆笑しながら歩いたっけ。先代の林家三平（はやしやさんぺい）も使っていたというポマードで有名な、柳屋の創業者のお墓にも寄ったりして。いろんな見所があるけど、ぜひ歩いてほしいのが、思わず「カンペキだね！」と呟（つぶや）いた辰巳新道。とにかく雰囲気があって。昼間だからお店には入らなかったけど、ここは一度、飲んでみたいねぇ。

ROUTE 4
入谷→竜泉→三ノ輪

2014年5月30日

50年ぶりの邂逅「落語やるならここは見ておかなくちゃ！」

色っぽい街を歩こうと、入谷・下谷に金杉・根岸、竜泉・吉原と歩くうち、高田センセー、若き日の思い出がよみがえる！ 高田センセーの追体験散歩に!!

入谷といえば鬼子母神、朝顔市で有名だけど、思わぬ落語物件を見つけ、さんぽ会、今回も上々のスタート。金杉通りの両サイド、下谷・根岸は空襲で焼けなかったエリアで、今も戦前の家がちらほら。山手育ちの高田センセーもビックリの路地を抜け、下谷七福神やら富士塚やら、しまいには化地蔵まで参拝し、柄にもなくご利益三昧な道行き五人組。昭和通りを横切れば、商店と住宅が混在する穏やかな通りに。下町名物の軒先庭園を見物し、白鳥という名の喫茶店に妙に反応したりと、のんびり散歩を満喫。中村勘三郎さんの墓所がある寺の山門で、目を閉じて手を合わせるセンセーの姿にグッとくる。

鷲神社から吉原へと、色っぽい街には少し不似合いな（？）一行。今はソープ街だけど、吉原弁財天に刻まれた「カフェー組合」なんて文字に心惹かれる。吉原神社では、ちょいと若旦那気分で、落語や芝居に描かれた日本一の遊郭に思いを馳せながらの、お得意、妄想さんぽ！ 客引きのお兄さんに引っかかることもなく、飛不動尊がある竜泉に。情緒深き樋口一葉女史の世界にご案内〜。

その先にある投げ込み寺として有名な浄閑寺では、突如、「学生時代、先生に連れてこられたんだ」とセンセーの思い出回路がつながった。散歩界の巨匠・永井荷風先生の碑を詣で、シメは趣向を変えて、三ノ輪から都電に乗っての祝杯移動。「そうそう、昔、タケちゃんの家があってさ……」とふたたびセンセーの思い出話で爆笑。これぞ散歩の醍醐味！

START!
入谷駅
1
入谷鬼子母神
2
英信寺裏の路地・金杉通り
3
小野照崎神社
4
根岸柳通り
5
化地蔵尊
6
西徳寺
7
鷲神社
8
吉原弁財天
9
吉原神社
10
飛不動尊
11
一葉記念館・一葉記念公園
12
浄閑寺
13
都電荒川線 三ノ輪橋駅
都電荒川線
GOAL!
町屋 ときわ
熊野前駅
北千住駅
都電荒川線
西日暮里駅
町屋駅前
センターまちや
千代田線
京成本線
GOAL!
町屋
グルメシティ
日暮里駅
町屋駅
荒川一中前駅
都電荒川線
三ノ輪橋駅
常磐線
南千住一丁目
明治通り
浄閑寺
大関横丁
三ノ輪駅
台東区立根岸図書館
三ノ輪二
東泉小
東盛公園
東京電力
大久保共同ビル
つくばエクスプレス
国際通り
下谷警察署前
金曽木小
金木曽小学校前
東京ビューマークス
忍岡中
飛不動前
安楽寺
根岸柳通り
下谷三丁目
竜泉一丁目
金杉通り
日比谷線
飛不動尊
大音寺
正燈寺
根岸柳通り
柏葉中
西徳寺
大照寺
西徳寺前
長國寺
吉原神社
台東病院
京町通り
台東区千束保健福祉センター
嶺照院
喫茶 白鳥
一葉桜・光月通り
鷲神社
根岸3丁目
宝泉湯
五十嵐提灯店
昭和通り
正覚寺
吉原弁財天
法昌寺
英信寺
金美館通り
入谷駅
入谷一丁目
入谷二丁目
大正小
START!
言問通り
上野ロイヤルハイツ
上野駅
秋葉原駅
N
0
200

入谷駅がある昭和通りは、関東大震災の復興事業のひとつとして作られた道。現在の東京をかたちづくったのが震災復興事業なのだ。

START!

昭和通りの一角が江戸散歩のスタート地点

入谷駅

地下鉄入谷駅からひょいと地上に出れば、江戸から続くオツな地名を駅名にしている割には、野暮に幅広な昭和通りが。もうちょい行けば日光街道ってケッコウな名前を襲名するけど……。ちょっと手前に、江戸歩きの象徴・隅田川に向かう言問通りがあるからいいか!?　というわけで、今日はここからスタート。

CHECK POINT 1

朝顔ばかりと思っていたら、意外な奉納額に恐れ入谷の……

入谷鬼子母神

一行が向かったのは、〝恐れ入谷の鬼子母神〟。朝顔市で有名なあの言問通りを歩行者天国に！　やっぱり車より祭り、って江戸っ子気質を感じる。あらためてお寺を詣でると、境内に柳橋、小文治、今輔と落語芸術協会の錚々たる名が書かれた奉納額を発見！　歩いてみるもんだなぁ。

鬼子母神の名前ばかりが先行している真源寺。7月上旬に行われる朝顔市が、東京に夏の到来を告げる。江戸時代より庶民に人気の朝顔、その色はまさに日本の伝統色なのだ。

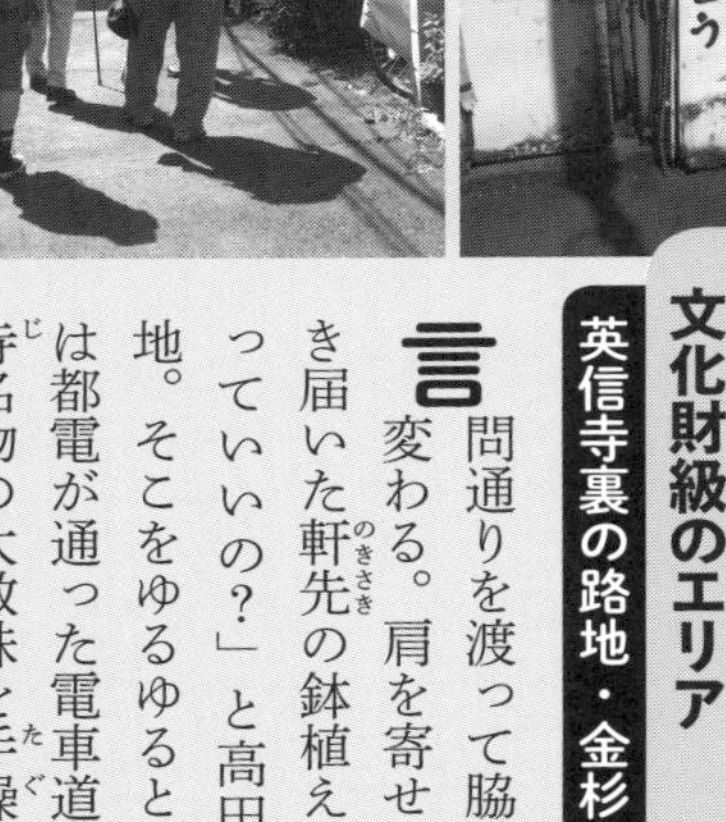

CHECK POINT 2

懐かしい風景そのままに文化財級のエリア

英信寺裏の路地・金杉通り

言問通りを渡って脇道を入れば、一気に世界が変わる。肩を寄せ合う木造家屋、手入れの行き届いた軒先の鉢植え、そして思わず「ここ、通っていいの？」と高田センセーも呟いた狭い路地。そこをゆるゆると抜ければ金杉通り、かつては都電が通った電車道。下谷七福神のひとつ英信寺名物の大数珠を手繰り、年季の入った戦前の建物を眺めながら、昔の東京を堪能した。


Ⓐ思わず立ち止まる魅惑の看板。

Ⓑ人と人とがやっとすれ違えるほどの路地の奥にはビルがそびえる。街の昨日と今日が交錯している。

Ⓒどこか落語長屋みたいな風情に、思わず顔がほころぶふたり。

五十嵐提灯店

瓦屋根の建物が並ぶ貴重なスポットだったが、再開発で現在はマンションに変身。店舗は立派になって営業している。

長谷川商店

今や存在自体が貴重な荒物屋さん。軒先に思い切り商品を並べた風情は、再開発が進む金杉通りの歴史の生き証人だ。

趣深い神社の片隅で富士登山!?

小野照崎神社

しばし金杉通りを歩いて、銭湯の角を右に折れれば、小野照崎神社の変形境内に到着。猿が門番をする富士塚は残念ながら登れなかったけど、芸能の神でもある「おのてるさん」を、松ちゃんは熱心に拝む。御祭神、小野篁は閻魔様と仲良しだって聞いたけど、本当?

「おのてるさん」の愛称で親しまれる小野照崎神社。境内にある富士塚は、富士山の山開きに合わせて2日間だけ登れる。

3 CHECK POINT

かつての江戸名所も、今は静かな日々

根岸柳通り

金杉通りを横切る柳の並木。安楽寺の山門がある根岸柳通りは、洋食屋や藍染めの老舗、和菓子屋などが並ぶ古い商店街。年季の入った建物も点在している。そのまま昭和通りを横断し、しばし歩けば竜泉エリア。軒先庭園を愛でたり、ご贔屓の噺家みたいな白鳥という名の喫茶店が気になったり、名所旧跡がなくても高田センセーはニコニコで、興味は尽きない。

家の周囲を草花の鉢植えで飾った、名付けて「軒先庭園」。住宅が密集する下町特有の風景。道行く人の目にも優しい。

4 CHECK POINT

CHECK POINT 5

お地蔵様も つい動いてしまう!? 散歩の楽園

化地蔵尊

粋(いき)な柳の並木が示す通り、かつては吉原通いの道でもあった。通りがかりの酔客が、イタズラ心でお地蔵様を動かすので、ときどきお顔の向きが変わることから、お化け地蔵の愛称が付いたとか……。

CHECK POINT 6

中村屋ぁ〜！と 叫びたいのをグッとこらえて合掌

西徳寺

山門脇に「第十七代目中村勘三郎墓所」の碑が立つ西徳寺は、建立されてからわずか50年の間に3度の火事に見舞われ、現在の竜泉に移転。関東大震災で全壊するも、当時では画期的な鉄筋コンクリート造に、しかも椅子席の本堂を作ったというお寺。センセーの盟友、十八代目もここに眠る。

安楽寺

家と家の間にある小さな山門の安楽寺。本堂の見返り地蔵尊は、江戸時代、庶民に大人気。今は境内奥の立派な子育て地蔵の参拝も多い。さんぽ会メンバー・渡辺クンの生まれたばかりのお子さんの成長をみんなで祈願！

CHECK POINT 7

年に三日で一年分の参拝客がやってくる!?

鷲神社

酉の市の日以外の鷲神社は、どこか寂しげ。あの華やかな屋台と喧騒が、ガランとした境内とは結びつかない。でも境内の片隅に正岡子規や宝井其角の句碑、樋口一葉の文学碑などがあったことに気が付くのは、こんな時だけかもしれない。

毎年11月の酉の日に開運、授福、殖産、除災、商売繁昌を祈願する祭礼が行われる。すでに江戸中期には年中行事として盛んだったという。

CHECK POINT 8

華やかな不夜城の片隅に残る大震災の哀史に頭を垂れる

吉原弁財天

鷲神社を参拝して裏に回れば、そこはもう吉原。哀しい歴史を刻む吉原弁財天を訪問する一行。周囲の玉垣に刻まれた「カフェー組合」なんて文字を発見すると、時の流れを感じざるを得ない。すぐ近くの都立台東病院は、かつて吉原病院という名前だったことを思い出す。

高田センセーから非業の死を遂げた遊女たちの話を聞き、手を合わせる松ちゃん。華やかな世界の陰には深い悲しみがある。

関東大震災の大火で、逃げ場を失った遊女約500人が、当時は広かった弁天池に飛び込んで亡くなったという。

CHECK POINT 9

吉原神社

夜のお江戸の歴史の生き証人は、どんな人々を見てきたのだろう？

花の吉原、仲之町通りの端っこ吉原神社に到着。この土地を守る「お穴さま」にいらぬ妄想を抱く一行。『明烏（あけがらす）』『お直し』『付き馬』などの落語でもお馴染みで、さらには歌舞伎の『助六』と、吉原が舞台の名作はどっさり。しばしの休憩となると、「女郎屋の松ちゃんだい！」と松ちゃんのひとり芝居もスタート。

かつて人形町周辺にあった吉原が当地に移転した際に建立された。境内にはこの地を守る地中の神様、お穴さまも。

お不動様が紀伊半島の大峰山から江戸の寺まで、一夜で飛んできたという言い伝えから飛不動と呼ばれ、旅の守り本尊として信仰されてきた。

CHECK POINT 10

飛不動尊

いつの間にやら海外旅行の安全祈願の神様に変身！

吉原を抜ければすぐ飛不動。樋口一葉の世界は意外と狭いエリアだなと、あらためて実感する。飛不動尊真裏にある国際通りの向こう側には、落語『悋気（りんき）の火の玉』の舞台、大音寺（だいおんじ）も控えてる。飛行機旅行の安全祈願といっても、飛行機嫌いのセンセーには無関係かな。

CHECK POINT 11

薄命の天才名文家ゆかりの地で、古き良き東京文化を思う

一葉記念館・一葉記念公園

龍泉寺町で荒物駄菓子店を営み、その体験も生かして書いた名作「たけくらべ」で有名な樋口一葉。その資料を収集展示する、日本初の女性作家の単独の資料館。

CHECK POINT 12

荷風散人も愛した名も無き遊女の供養寺

浄閑寺

一葉記念館から少し歩けば、住所は竜泉から三ノ輪に。樋口一葉から荒木経惟の世界に近付いてくる。土手通りの先、大関横丁交差点から少し行ったところが、かの浄閑寺。「俺はね、学生時代に来てるんだよ」とセンセー突然の思い出話。大学生の頃、三遊亭圓朝 研究の第一人

高田文夫のひとことコラム

なんといっても浄閑寺。ここは大学生時代に恩師の永井啓夫先生に連れてきてもらったところで。落研の盟友、古今亭右朝と二人でね。あれ以来だから五十年ぶりか。入った瞬間に『あっ、ここだ！』っていろんなことを思い出して。

そこから都電に乗ったら、またいろんなことを思い出して……。永六輔さんから聞いた倍賞姉妹のお父さんが都電の運転士だったという話（ちなみに倍賞姉妹の弟は有名な高校球児だったのです）、到着した町屋では、売れる前のタケちゃんが住んでたことを思い出したな。その当時、タケちゃんと毎日のように呑んでて、お開きになってなると、いつも「それじゃあ、町屋に帰るよ」って言ってたっけ。今はきれいな街になっていて、最後に入ったお店のメニューの充実ぶりには驚いたね！　さんぽには記憶を喚起される楽しさもあるんだな。

者、永井啓夫先生に連れられ、今は亡き落研の盟友・田島道寛さん（後の古今亭右朝師）と訪問したという。「何十年振りだろうなぁ…」と呟くセンセーの脳裏には、若き恩師と親友の顔が去来したのか……。

吉原遊郭で亡くなった遊女の投げ込み寺だった浄閑寺。地震などの災禍で落命し、葬られた人の数は2万人超ともいわれる。

三ノ輪橋と早稲田間の12・2キロを結ぶ、都内で唯一の現存する都電。いつの間にか東京さくらトラムという愛称がついてしまった。

CHECK POINT 13

都電荒川線 三ノ輪橋駅

東京最後のチンチン電車は、人々の思い出も揺らす

GOAL!

町屋 ときわ

地下に広がる天下無敵の大衆食堂で、夕飲み&夕食い大宴会

さて散歩の後の一杯、今回は都電で町屋へ。するとふたたびセンセーの記憶が！「昔、タケちゃんが町屋に住んでてね……」へぇ～、そんなことあったんだ！町屋駅前ビルの地下にある名店「ときわ」で、夕方五時前には乾杯！

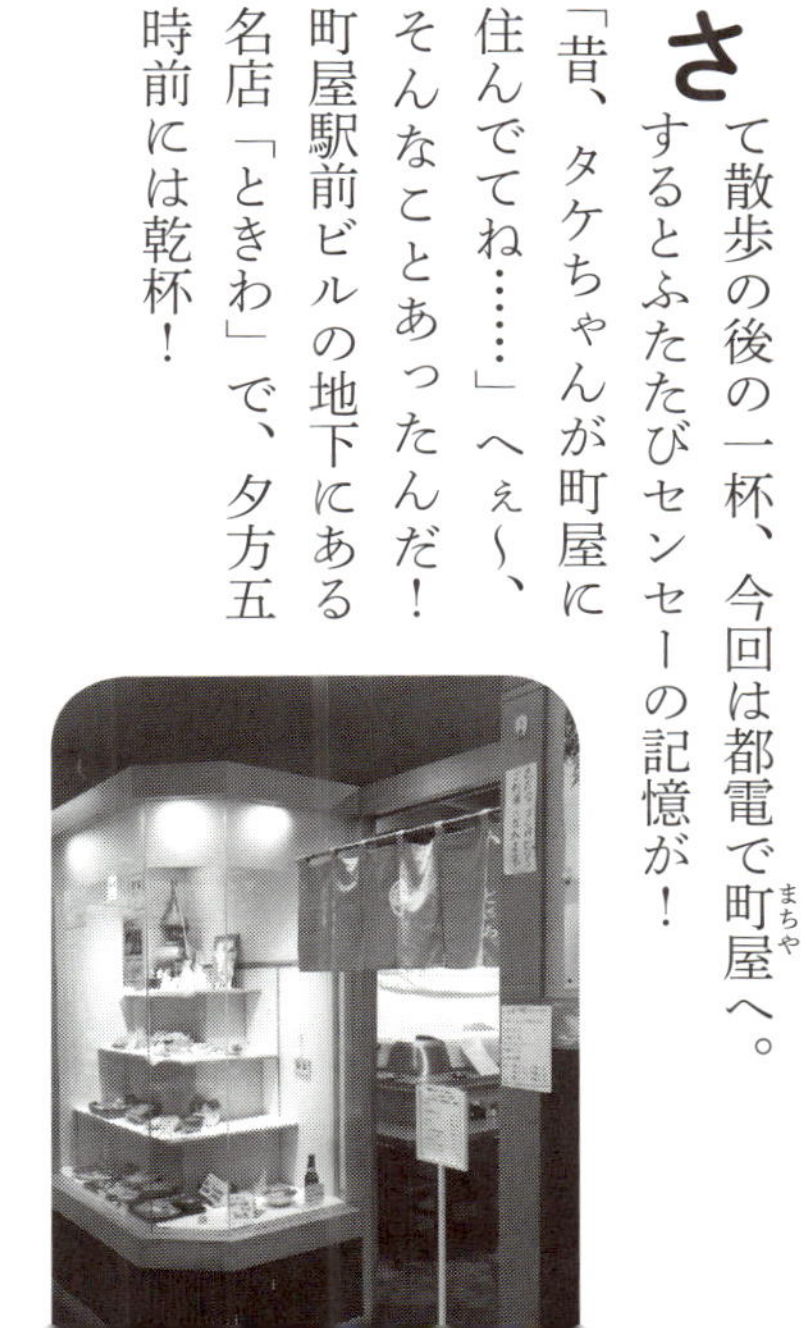

ROUTE 5
蔵前→浅草橋→岩本町

2014年9月19日

なんと飛び入りで松本明子さん参加！ 一層豪華なさんぽ会となったこの回。

スタートは昔から玩具問屋が集まる蔵前。相撲関連では有名な老舗古書店があるのは、かつて国技館があった証なのか？ しかし、一行はささっと裏手に回り、やけに太い鳥居が目立つ蔵前神社に向かうのだ。なぜってメンバーは揃いも揃って落語好き。なにせ『元犬』の舞台だからね。

名番組復活!? 蔵前から大川端、のんびり歩きの思い出さんぽ

やっぱり隅田川ですよねぇ、高田センセー！
玩具問屋に人形店、
繊維問屋を経巡って、
粋な花街の残り香を感じ、
大川横目に本日6人組！

また江戸通りに戻ったかと思えば、すぐ横断してさらに裏道に。素敵な戦前建築の教会を、思いがけず中まで見学できちゃうのも、高田センセーの引きの強さと、松ちゃん＆明子さんの笑顔の賜物。突然開ける空き地が元蔵前国技館と知って、「日大の入学式がここだったんだよ」とセンセーも懐かしそう。

蔵前を過ぎると浅草橋エリア。今度は「顔が命」の雛人形や五月人形の有名店や、人形の備品を扱う店が増え始める。ガード下から柳橋方面へ。かつての花街も今はオフィスビルばかり。その中にセンセーがふと見つけた瀟洒な日本家屋。なんとあの市丸姐さんの家を改装して利用したカフェ＆ギャラリーだった。隅田川を眺めながら、まったり過ごす気持ちよさに、散歩の疲れも吹っ飛ぶ。

柳橋から両国橋、東日本橋の薬研堀で、ふたたび恩師の足跡を見つけるセンセー。繊維問屋が集まる横山町、リノベーションの口火を切った馬喰町と巡り、シメの一杯は岩本町 路地裏の「朝から居酒屋」へ。大川の風情を感じながら江戸から平成までを見て歩き。

START! 蔵前駅
1 玩具問屋・浅草御蔵前書房
2 蔵前神社
3 浅草聖ヨハネ教会
4 旧国技館跡
江戸通り
5 浅草橋駅ガード下
6 ルーサイト ギャラリー
7 石塚稲荷神社
8 柳橋・両国橋
9 長寿庵・両国広小路
10 薬研堀不動院
11 横山町繊維問屋街
清洲橋通り
GOAL! 一亀
おまけ お玉ケ池
上野駅
浅草駅
田原町駅
浅草通り
銀座線
つくばエクスプレス
国際通り
新御徒町駅
寿三丁目
春日通り
都営大江戸線
蔵前駅
蔵前神社通り
蔵前神社
蔵前小学校通り
鳥越明神通り
江戸通り
START!
蔵前公園
御蔵前通り
鳥越二丁目
蔵前橋通り
蔵前一丁目
蔵前警察署
蔵前橋
東横INNアキバ浅草橋駅東口
福井町通り
首都高速6号向島線
旧安田庭
浅草橋駅
柳橋桜北通り
浅草橋駅前
秋葉原駅
清洲橋通り
神田川
両国国技館
川端通り
柳橋大
両国駅
都営新宿線
東神田
岩本町駅
靖国通り
おまけ
総武本線
浅草橋
両国橋
京葉道路
都営浅草線
馬喰町駅
隅田川
馬喰町
薬研堀不動院
GOAL!
江戸通り
馬喰横山駅
東日本橋駅
首都高速7号小松川
小伝馬町駅
東日本橋
小川町駅
首都高速1号上野線
新日本橋駅
日比谷線
清洲橋通り
浜町駅
人形町駅
人形町駅
N
0
200

蔵前駅

蔵は無いけど蔵前駅。豪華6人旅スタート

蔵前駅といっても、都営浅草線と都営大江戸線はやたら離れてるので、待ち合わせの際にはくれぐれもご用心。

START!

CHECK POINT 1

玩具問屋・浅草御蔵前書房

思わず大人買いの問屋街と丸ごと古い古本屋

都営浅草線の蔵前駅からひょいと地上に出ると、もう目の前に玩具問屋。駄菓子屋に並ぶような、台紙に付いた安いオモチャがいっぱい。懐かしいなぁ〜と、松ちゃんも竹とんぼを大人買い!? ちょいと江戸通りを覗くと、年季が入りまくった古本屋が一軒。本より建物が気になってしまうのはさんぽ会の総意。

Ⓐ

Ⓑ

Ⓒ

Ⓐかつては軒を連ねていた玩具問屋も、随分と歯抜けになってしまった。Ⓑ相撲通なら知っている「浅草御蔵前書房」の豊富な相撲関連書。Ⓒ箱買いなら業者だけじゃなく一般客にも売ってくれる玩具問屋が多い。

CHECK POINT 2

落語ファンも相撲ファンも行かねばならぬ

蔵前神社

一歩裏路地に入れば静かな佇まい。蔵前神社のやけに大きな赤鳥居が目立つ。小ぢんまりしてるけど重厚な本殿は威厳タップリ。玉垣に相撲関係者の名前が多いのは、古くから勧進大相撲が行われていた地だから。懐かしい四股名に高田センセーの思い出が止まらない。

江戸城鬼門除けの守護神として、また5代将軍綱吉が勧請したことから、幕府からも多大な庇護を受けた蔵前神社。相撲と落語に縁が深いのは、知名度抜群の神社だった証だ。

CHECK POINT 3

思わず溜息が出る美しき時の流れ

浅草聖ヨハネ教会

蔵前周辺の江戸通りと隅田川の間は、外国人向けの安いホテルやカフェ、雑貨屋が増え始め、東京のブルックリンとも呼ばれているとか。趣ある戦前建築の教会を眺めていると、「中もご覧になりませんか？」と声をかけられた。こんなうれしいハプニングがあるから、散歩はやめられないのだ。

ゴシック風建築に、年季の入った美しい木材と白壁のコントラストによる内装が素晴らしい。壁面には竣工年である1928の文字が刻まれている。

CHECK POINT

旧国技館跡

大相撲からプロレス、入学式から卒業式まで、多目的国技館ありき

そのまま裏通りを浅草橋方面へ歩いていくと、フェンスで囲われた空き地を発見。この一帯がかつて蔵前国技館があった場所。「大学の入学式の時に来たなぁ」と高田センセーがぽつり。昭和の相撲界の檜舞台の意外な顔を知った。

昭和24年から59年まで使われていた蔵前国技館。最初の天覧相撲もここで行われた。現在は東京都下水道処理施設と蔵前水の館（資料館）、蔵前公園になっている。

寄り道コラム

江戸通り

大手町から花川戸（はなかわど）に至る江戸通り。蔵前界隈は玩具関連の問屋が多いが、浅草橋エリアに入ると、小売店向けの包装資材や店舗装飾の専門店が増え始める。今でこそ下町の東急ハンズと呼ばれる「シモジマ」も、かつては店舗向けの人形店だった。浅草橋駅に近づくとお雛様などの人形店が増えるが、近年は手作りアクセサリーのパーツショップが急増中。ブームの火付け役として名を馳せた貴和製作所の浅草橋本店も、江戸通り沿いにある。

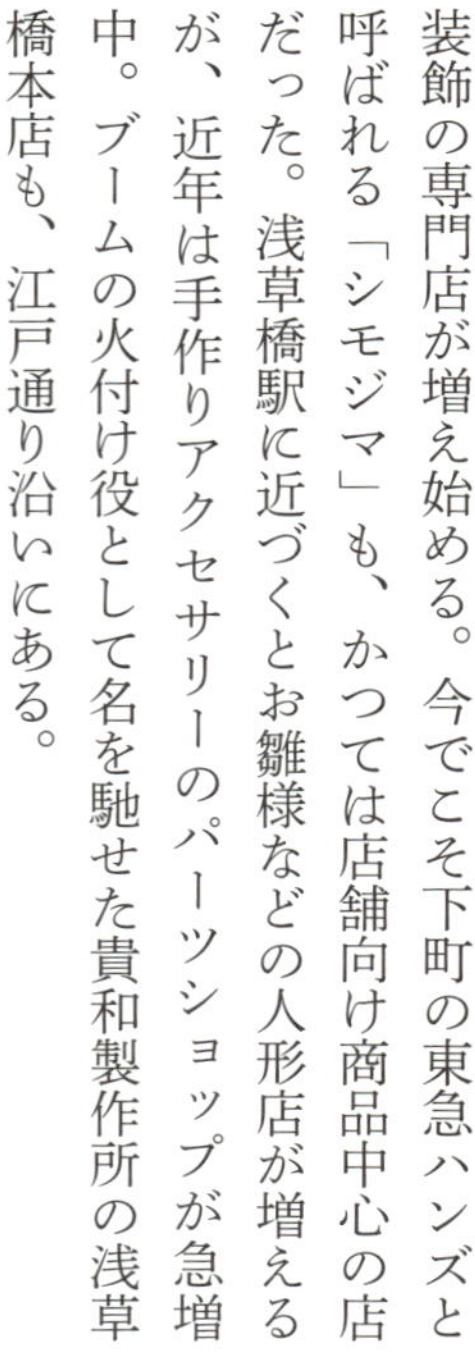

CHECK POINT 5

懐かし系も新規参入も入り乱れて、魅惑の高架下は続く

浅草橋駅ガード下

かつては住居も多かったガード下も、耐震補強工事などで変わったが、古い看板や蕎麦屋、居酒屋など、年季の入った店もまだ点在している。急げ！

CHECK POINT 6

一世風靡した芸者歌手のお宅はビルの狭間にしっとりと

ルーサイト ギャラリー

粋(いき)な柳橋も、今はビルに囲まれたオフィス街。そこにぽつんと佇む日本家屋を見つけたセンセー。尋ねると、元はあの芸者歌手の市丸姐さんの家だという。現在はギャラリーで、コーヒーも飲めるとなれば、物見高い一行は、部屋の隅々まで探検し、今や貴重品の当時の電話台の前に書かれた「人力」の走り書きにドキドキし、ゆるり一服の大川端。

Ⓐルーサイト ギャラリーから隅田川を眺める3人。Ⓑ室内にはゆかりの品や、自筆の走り書きなどもある。Ⓒ外観は趣のある日本家屋がそのままに。Ⓓ両国橋を背に明子さんもゆったり。

小さな神社に残る、名を馳せた花街の証

石塚稲荷神社

柳橋の片隅にある火伏（ひぶせ）の神様は、花街のまさに生き証人。鳥居の両脇にある新橋藝妓（げいぎ）組合、柳橋料亭組合の文字に在りし日を思う。

周囲を囲む玉垣を指差して、「これは料亭や置屋の名前だろうね」というセンセーの講釈を聞く明子さんと松ちゃん。街の神社には、思わぬ歴史が刻まれている。

火事が大敵の江戸時代、火伏の神様は何より大切に扱われた。柳橋は料亭街、火を使う商売には欠かせない。でも狭い！

7 CHECK POINT

松村邦洋のひとことコラム

この回は松本明子さんがゲスト参加で、『電波少年』復活!? でしたね〜。

蔵前駅に着いたら、いきなり玩具の問屋があって、つい懐かしくて竹とんぼを買っちゃいました！

そこから『元犬』――あの落語の元犬の像――を見て、ふらりと入った市丸姐さんの旧宅。今はギャラリー・カフェに改装されているところに入ったりして。この市丸姐さん、なんと当時、紅白歌合戦に出場してるんです！　後日、その映像をYouTubeで観たりして。電話の置かれた場所の壁には、電話番号が走り書きでメモしてあって。「日本テレビ　○○番、日本交通　△△番、人力　□□番」人力ですよ、人力！　当時、市丸姐さんがどれだけ人気者だったのかが、本当によくわかりました。ボクもあやかりたいですね〜。

江戸っ子が自慢する ふたつの川を一気に味わう

柳橋・両国橋

屋形船がところ狭しと係留されている神田川の護岸。ここから目の前の隅田川に出て、両国橋をくぐり東京湾、お台場方面に向かうんだろうな。「旨いんだよな」と柳橋のたもとにある小松屋で佃煮を買うのを忘れないセンセー。

川沿い道の梅花亭の最中も気になるなぁ。

8 CHECK POINT

Ⓐ柳橋から神田川越しに浅草橋を望む。
Ⓑ武蔵国と下総国を結ぶから両国橋。
Ⓒかんざしをあしらった意匠デザインも可愛い柳橋。週末画家も多い。

記念碑だけが知る 江戸から続いた屈指の繁華街

長寿庵・両国広小路

江戸時代、両国橋の向こうもこっちも両国だった。そういや落語の『幾代餅』の店もこの辺かな？ その賑わいを示す記念碑を眺め、両国橋から国技館を望み、謎な蕎麦屋兼レストランを冷やかしながら、江戸が東京になっても一大繁華街だった東日本橋方面へ。

靖国通り沿いは蕎麦屋長寿庵だが、柳橋通り側はレストラン呉竹。でも店内はつながっているというイカす店。

9 CHECK POINT

CHECK POINT 10

講談と七味唐辛子が生まれた街の派手なお寺

薬研堀不動院

横山町が近いせいか繊維関係の会社が点在する東日本橋。不思議な六叉路の近くに、どこか中華風な薬研堀不動院があった。無闇に長い階段の下から参拝し、何気なく裏に回ると、講談発祥記念の碑を発見。しかも碑文には、資料提供としてまたもや高田センセーの大学時代の恩師、永井啓夫先生のお名前が！

天正13年に建立され、江戸名所図会にも載るほどの人気だった。その後、川崎大師の東京別院となり、今も、年末に催される歳の市での地元商店会のセールで知られている。

CHECK POINT 11

プロだけの街から若者も歩く街に変わりゆく姿

横山町繊維問屋街

清杉通りを渡れば横山町。日本一の繊維問屋街だ。喫茶店の名前までウールなんて洒落てる。横山町大通りをまっすぐ行けば、江戸の昔は一、二を争う商業の街だった大伝馬町へ続く。店の多くが卸売専門だから、車や人が行き交うのは平日のみ。プロが通う街並みに一行も興味津々だ。ただし買えません。

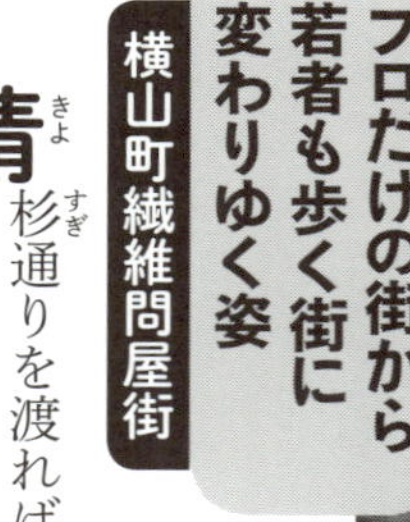

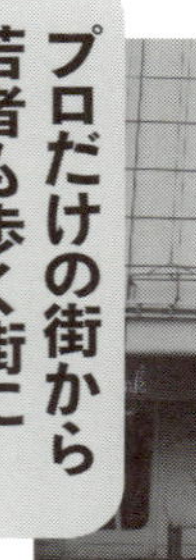

Ⓐ横山町大通り、Ⓑ新道問屋街など、今も多くの繊維服飾関係の問屋が軒を連ねる問屋街にも再開発の波がきている。Ⓒエトワール海渡関連のビルが並ぶ馬喰町は海渡村とも呼ばれる。

清洲橋通り

入谷から稲荷町駅を通り、隅田川の向こうまで続く清洲橋通り。中でも馬喰町周辺は、既存の中古ビルをリノベーションしたギャラリーやショップが点在し、問屋街のイメージをがらりと変えた。都内のリノベ物件の草分け的存在だ。

おまけ

お玉ケ池

お玉さんという茶店の娘にまつわる悲話が由来だが、江戸時代には埋め立てられてしまい、詳細は不明。それよりも剣豪千葉周作の玄武館道場や江戸最初の種痘所がこの付近にあったことで有名になった。

GOAL!

一亀

ガード下の名店を支えた力が再結集した「朝から居酒屋」

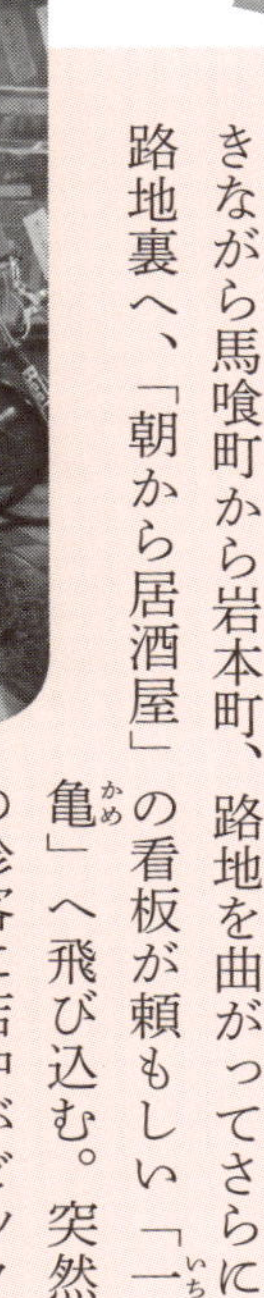

市丸姐さんのお宅でのんびりし過ぎ、「そろそろだよな」というセンセーの合図に、冷や汗をかきながら馬喰町から岩本町、路地を曲がってさらに路地裏へ、「朝から居酒屋」の看板が頼もしい「一亀」へ飛び込む。突然の珍客に店中がビックリ！　蘇ったガード下の名店の味をつつきながら、今日は市丸姐さんにかんぱ〜い。

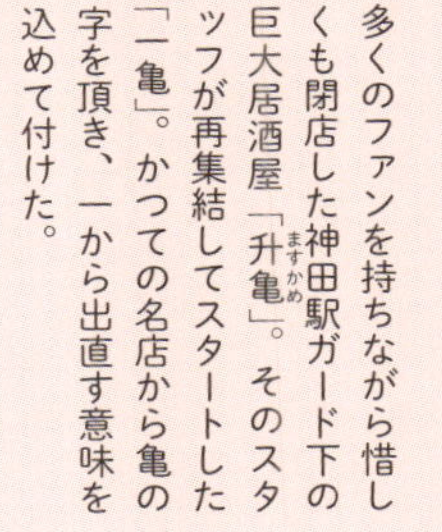

多くのファンを持ちながら惜しくも閉店した神田駅ガード下の巨大居酒屋「升亀」。そのスタッフが再集結してスタートした「一亀」。かつての名店から亀の字を頂き、一から出直す意味を込めて付けた。

ROUTE 6
春日→菊坂→東大

2014年11月14日

目指せ東大!?　まさかの「坂」はもうたくさん！　本郷、坂の街歩き

**坂道は東京名物。
土地の高低差は風景も空気も変える。
高田・松村の心肺停止ペアと共に、
坂の街・本郷を踏破！
……できるのか？**

春日通りと白山通りの交差点に位置し、なかなか改札にたどり着かない地底深き地下鉄春日駅。そこから地上に出れば、嘉納治五郎先生が周囲を睥睨する講道館のすぐそば。さんぽ会一行は、他線と相互乗り入れしない誇り高き丸ノ内線のトンネルを眺めながら、急坂をえっちらおっちら。

古い街の教会って、いい建物が多いねと思いつつ、小道をゆけば炭団坂。ここは危なくて下りられないねと、まわり道して、結局は急階段に！　樋口一葉が住んだ谷間の路地は、建て替えこそされてるけど、当時の井戸は、今なお健在の風情たっぷりな濃密世界だ。

路地を経巡って本郷菊坂。お洒落な高田センセーは見逃さないズボン堂のジーンズ。さらになが〜い坂を上り、菊坂コロッケで充電しながら、文士ゆかりの土地を上ったり下ったりの忙しいことといったら。

そして、本郷といえば東京大学。入学するのは大変だけど、人畜無害な一般人は見学できる寛大さ。もちろんセンセーも松ちゃんも初めてだ。「これが安田砦か……」と感慨深げなセンセーは、学生運動真っ只中の団塊の世代。一方の松ちゃんは、スタートから度重なる坂道踏破に、ややお疲れのご様子。

ひと休みも、せっかくだから古き良き喫茶店へ。二人の登場に快く開けてくれた二階席から、しばし東大の煉瓦塀を眺めたら、こちらも東大と共に歩む老舗食堂で、若い衆に混じっての祝杯。まっ、メンバーに東大卒はいませんけど、それがなにか？

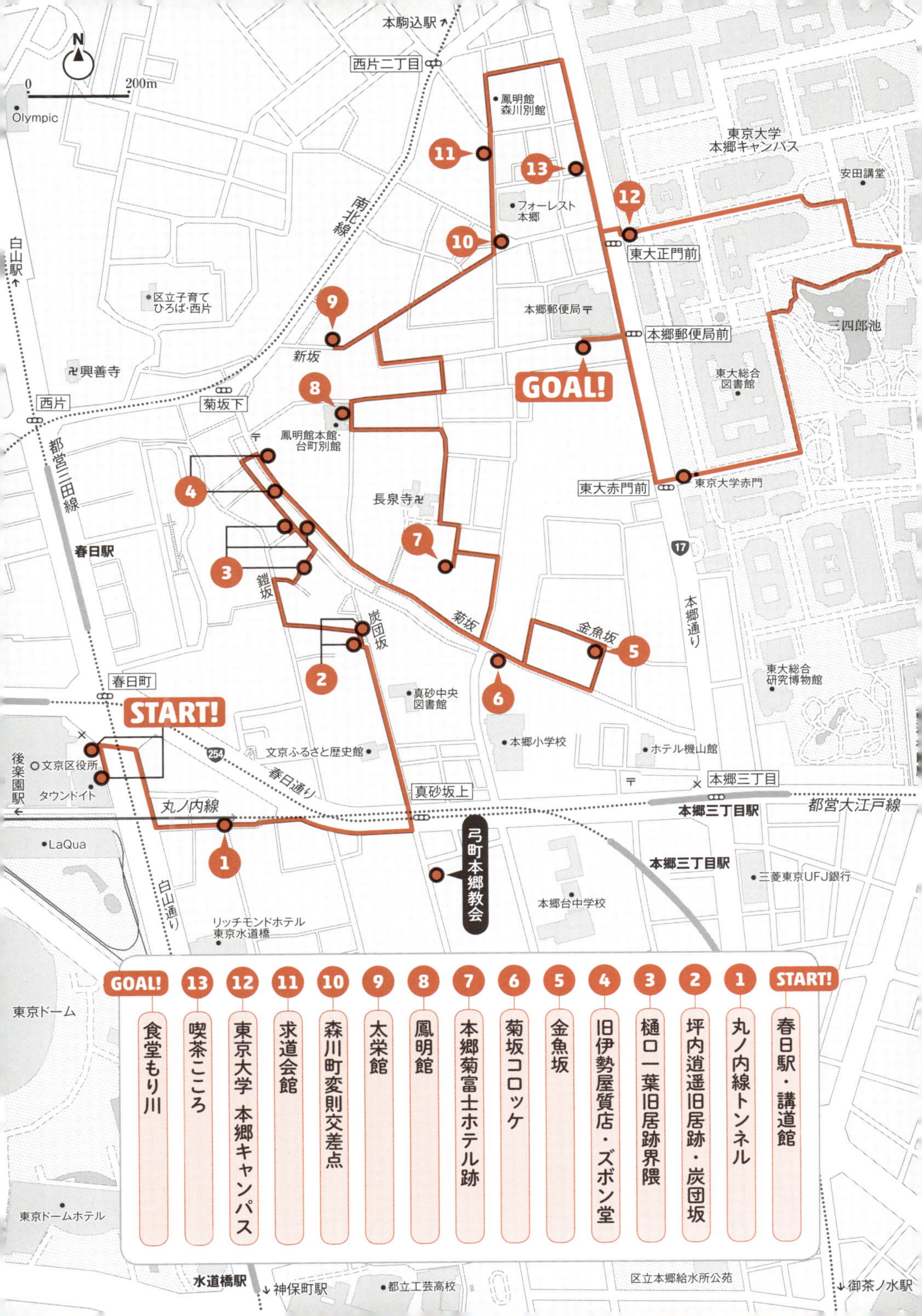

START!
春日駅・講道館
1
丸ノ内線トンネル
2
坪内逍遥旧居跡・炭団坂
3
樋口一葉旧居跡界隈
4
旧伊勢屋質店・ズボン堂
5
金魚坂
6
菊坂コロッケ
7
本郷菊富士ホテル跡
8
鳳明館
9
太栄館
10
森川町変則交差点
11
求道会館
12
東京大学 本郷キャンパス
13
喫茶こころ
GOAL!
食堂もり川
本駒込駅
西片二丁目
鳳明館森川別館
東京大学本郷キャンパス
安田講堂
フォーレスト本郷
南北線
東大正門前
白山駅
区立子育てひろば・西片
本郷郵便局
本郷郵便局前
三四郎池
興善寺
新坂
東大総合図書館
西片
菊坂下
鳳明館本館・台町別館
都営三田線
長泉寺
東京大学赤門
東大赤門前
春日駅
鐙坂
炭団坂
菊坂
金魚坂
本郷通り
真砂中央図書館
東大総合研究博物館
春日町
本郷小学校
ホテル機山館
文京ふるさと歴史館
後楽園駅
文京区役所
タウンドイト
春日通り
真砂坂上
本郷三丁目
丸ノ内線
本郷三丁目駅
都営大江戸線
LaQua
弓町本郷教会
三菱東京UFJ銀行
白山通り
本郷台中学校
リッチモンドホテル東京水道橋
東京ドーム
東京ドームホテル
水道橋駅
神保町駅
都立工芸高校
区立本郷給水所公苑
御茶ノ水駅
Olympic

日本柔道の父が見守る駅から散歩開始！

春日駅・講道館

白山通りと春日通りの交差点。まずは嘉納治五郎先生にご挨拶。実は食堂も売店も、クリニックまである講道館だけど、今日は坂道歩き、寄るのはまたの機会にということで、丸ノ内線沿いの細い旧東富坂（ひがしとみさか）を登り始める一行。

今や世界的スポーツとなった柔道の本家本元、講道館の前に立つ嘉納治五郎先生。戦前の幻の東京五輪を招致した立て役者でもあったのだ。

寄り道コラム

弓町本郷教会

がっしりしたフォルムに茶色のブロックが印象的な、大正十五年竣工の弓町（ゆみまち）本郷教会。今なお美しいこの教会の設計者の中村鎮（まもる）は鉄筋コンクリート建築のパイオニアで、登録有形文化財の島之内教会堂（大阪）も彼の作品。

CHECK POINT 1

思わず地下鉄も顔を出す豊かな高低差

丸ノ内線トンネル

旧東富坂を抜ける手前、マンション脇の地下から突然姿をあらわす丸ノ内線にビックリ。御茶ノ水で地上に出る電車は、本郷三丁目で地下に潜り、後楽園駅の手前で高架になって登場する。起伏の激しさがわかる！

CHECK POINT 2

展望台の眼下は屋根が重なる住宅密集地

坪内逍遥旧居跡・炭団坂

真砂坂上交差点から、図書館や文京ふるさと歴史館のある小道に入り込むと、突き当たりは崖の上。眼下に広がる景色は、坂の街ならではの風景に。「これはいいね」と高田センセーも足を止め、しばし見入ってしまう。あらためて炭団坂の急勾配を痛感するけれど。ちょっとひと休みしたら、ふたたび、あの谷底に向かって……。

炭団屋が多かった、炭団のように転がるほど急勾配など、名前の由来に諸説ある坂道の上に坪内逍遥が住む春廼舎があった。正に崖っぷちの家!?

松村邦洋のひとことコラム

このコースはこれまでのさんぽ会史上、いちばん辛かったですね～（笑）。階段を上ったり下りたりしているうちに、だんだんみんなから遅れていって……。よっぽど途中で音を上げようかと思いながら歩いてました。でも、ふと見ると高田センセーが先を歩いていて……。ボクのほうは、また心肺停止になるんじゃないかと思ってましたけど、あれには恐れ入りました！

それにしてもあの炭団坂からの街並みのきれいなこと！　樋口一葉の井戸もありましたね～。一般のツアーのお客さんも来ていたりして、本当に見所の多いエリアです。ちょっとひと休みに、みんなでガードレールにもたれながら食べた菊坂コロッケの美味しかったこと。こんな楽しみ方ができるのは、部活帰りの高校生か、このさんぽ会だけですよ！

羽目板に囲まれた階段の先には、濃密な世界が静かに佇んでいた

樋口一葉旧居跡界隈

「ここ、通っていいんだ」とセンセーも二の足を踏む、坂の途中の木戸口。戦前からある木造家屋の裏を抜けると、今度は急な階段。手摺（てすり）につかまりながらようやく降りると、昭和の下町の風景そのままに肩を寄せ合う家々。ここに一葉女史が、貧しさと戦いながら生活していたのだ。手入れの行き届いた軒先庭園も銭湯も、すべてが時空を越えたかのような風景だ。

CHECK POINT 3

樋口一葉の井戸

急階段を降りれば、とても細い路地。ここに樋口一葉の住まいがあった。一葉が使ったという井戸は今も健在。住宅街なので、散策の際はお静かに……。

菊水湯

破風屋根に格天井、富士山のペンキ絵という東京銭湯の見本がこの菊水湯。路地から見える煙突にふっと心まで暖まる景色だったが、今は惜しくも廃業。

菊坂階段

空襲を免れたおかげで、年季の入った羽目板の外壁が素敵な木造家屋も残っているエリア。階段は道をスロープ状にできないほど急な証だ。

旧伊勢屋質店

変わりゆく風景と変わらぬ風景が交錯する一方通行の坂道

旧伊勢屋質店・ズボン堂

本郷通りから菊坂下交差点までをつなぐ菊坂。昔ながらの甘味処や喫茶店、さらにお洒落な雑貨店までが点在し、ゆるり歩くにはもってこい。中でも目を引く旧伊勢屋質店は、今にも一葉が出てくるんじゃないかと思わせる日本家屋。ズボン堂というネーミングに思わず笑ってしまった一行だったが、その仕事への情熱を知ったら、恐れ入りましたの一言！

CHECK POINT 4

樋口一葉が、生活が苦しくなると通ったという伊勢屋質店。現在は跡見学園女子大が所有し、週末に一般公開している。昭和25年創業のズボン堂は、ビンテージ品を含む数千本の在庫を保有し、修理にも定評がある名店。

ズボン堂

CHECK POINT 5

創業から三世紀越え！本郷屈指の老舗が商うのは金魚（キントト）

金魚坂

炭団坂を下から眺め、もう少しで本郷通りというところで路地を入ると、金魚と錦鯉の卸問屋、金魚坂。外から覗くと、浅い水槽に金魚がどっさり。坂道で金魚というのも謎めいている。しかもカフェ併設。猫カフェ、兎カフェなどの動物カフェの走りなのかもしれない。

CHECK POINT 6

坂尽くめで凹む気持ちを笑顔に変える揚げ物パワー

菊坂コロッケ（まるや肉店）

菊坂コロッケの愛称で知られる名店、「まるや肉店」。買って帰るもよし、店先の腰掛けに座って食べるもよし。食いしん坊のババちゃん、さっそく人数分を購入して、みんなに配る。「やっぱり揚げたては旨い！」坂歩きで疲れた体も、ここでリフレッシュ。

CHECK POINT 7

あの文豪も画家も泊まった名物ホテル、ここに在りき

本郷菊富士ホテル跡

坂の上の住宅街の奥に、寂しく記念碑だけが立つ菊富士ホテル跡。大正十三年に開業し、谷崎潤一郎、竹久夢二、坂口安吾、宇野千代、尾崎士郎、真山青果に月形龍之介と、多士済々の滞在者がいた、本郷の名物宿だった。彼らが歩いた道を、われわれも歩くことの感慨……あらためて贅沢な街だと痛感！

CHECK POINT 8

由緒正しき団体様のお宿は、登録有形文化財の名建築

鳳明館

玄関周りの落ち着きある純和風な佇まいに、松ちゃんも思わず見惚れる鳳明館本館。かつてこの界隈には旅館がたくさんあったのだ。今や修学旅行もホテルだけど、べらぼうに忙しい時期もあったんだろうね。「ここで宴会やってみたいですね！」とは松ちゃん。

CHECK POINT 9

石川啄木が長逗留した宿も記憶の中だけの存在に……

太栄館

金欠にあえぐ石川啄木が、友人・金田一京助を頼って移り住んだのが蓋平館別荘、後の太栄館なのだ。すでに閉館しており、館前に「ご自由にお持ち下さい」と置かれた食器類を、さんぽ会メンバーが記念に頂いたのもなにかの縁か。

CHECK POINT 10

写真家・木村伊兵衛の名作を生んだ、不思議で美しい五叉路

森川町変則交差点

ふたりが立つのは、もしかしたら森川町で一番有名な場所かもしれない変則交差点。写真家、木村伊兵衛が名作『本郷森川町』を撮ったのもこのあたり。入り組んだ道や複雑な交差が多いのは下町の特徴。方向感覚が狂うんだけど、それもまた散歩の醍醐味!?

CHECK POINT 11

細道に突然顔を覗かせる歴史的近代建築に、街の奥深さを知る

求道会館

さして広くない道に急に重厚な洋館が現れるから、本郷は楽しいんだ。見かけは教会風だけど、仏教系施設として大正四年に作られた求道会館。設計者の武田五一は大阪市営地下鉄のロゴマークもデザインした建築家。内部も見学したかったな。

我が国の笑いの中枢が、我が国の学問の中枢に乱入!?

東京大学 本郷キャンパス

「日大だけど、入っちゃうよ」。坂歩きの疲れも吹き飛び、興味津々のセンセーと松ちゃん。東大というよりも、さんぽ会的には赤井御門守のお屋敷かな。正面の並木道の先には、かの安田講堂、いやセンセーの世代は「安田砦なんだよ」と。「なんだか文豪の気分だね」と歩く三四郎池。この回から、さんぽ途中の大学覗きが始まったのだ。

東大正門

三四郎池

東大赤門

安田講堂

CHECK POINT 12

高田文夫のひとことコラム

いや〜、日大なのに東大に入っちゃいました、アハハ! 大学の構内に入っていいなんて知らなかったから、最初はドキドキしました。この時、初めて見た三四郎池には感動したね! これまで本で読むしかなかったんだから。

そして団塊世代のまん真ん中の昭和二十三年生まれには、やはり「安田砦」。こちらは日大闘争だけど、あの頃ニュースで流れていたのは安田講堂ばっかりで、これは感慨深いものがあったね。

最後に休憩で入った「喫茶こころ」もよかった。雰囲気のかわいいところで。喫茶店からわかるその街の雰囲気ってあるんだよ。学者の姜尚中さんもよく使ってるんだって! 実はオレらが通された席は、いろんな人が取材で使う指定席みたいなとこで。オレと松ちゃんで、有名人が写ってる写真と同じ構図で撮影して、素人かって(笑)。

CHECK POINT 13

レトロ喫茶の二階は、開放感いっぱいのVIP席だった

喫茶こころ

創業昭和30年、老舗喫茶の多い本郷通りでも屈指の趣深い店。1階とは対照的に明るい2階。名物のウインナーライスは次回のお楽しみ。

東大の構内を巡って、ちょいと一服。三四郎池を歩いたんだもの、ここは「こころ」でしょ？と一歩店内に入ると、半世紀もタイムスリップしたような昭和の佇まい。某有名学者先生の対談も行われた二階席、美しい煉瓦塀（れんがべい）の並木道を眺めながら、さっそく某有名人の爆笑対談も決行だ。

もう坂道なんか歩くもんか！と盃を重ねる心肺停止コンビ

食堂もり川

散歩の後の祝杯は、蕎麦（そば）屋飲みもいいけど食堂飲みも楽しい。オツな肴（さかな）で飲む酒も、ご飯に合いそうなオカズで飲む酒も旨（うま）い。「東大生と共に明治から」がキャッチフレーズの「食堂もり川」に早々乗り込んで、打倒坂道議論を戦わせるのだった。

GOAL!

ROUTE 7

本所吾妻橋→山谷堀→吉原

2015年4月3日

妄想花見！ 川筋をゆけば あしたのジョーも 笑ってる？

花は散っても花見はできる！ 好奇心と妄想力、洒落っ気があれば、江戸っ子気分で 吾妻橋から待乳山、山谷堀から猪牙で吉原へ。

い、い、ただの花見はしたくないへそ曲がりが集うさんぽ会、しかも桜は終盤間近。ならばお得意の妄想散歩と、向かうは花の吉原だ。

まず歩きだしたのはスカイツリーのお膝元！ 隅田公園でまだ残っている桜をまぶたに焼き付け、牛嶋神社の牛を撫でて、いざ渡らん言問橋。スタートしてほどなく、いきなり一目惚れのスニーカーを買っちゃう高田センセーの茶目っ気とお洒落心！ かと思えば、かつての猿若町の老舗小道具会社をギョロメを光らせ覗きこむ旺盛な好奇心に感心したり——散歩とは、自分のアンテナを磨く鍛錬の場なんだなぁと再確認する一行。

池波正太郎の生誕の地で極小モノレールに乗った後、いよいよ今戸から山谷堀へ。「オレのお墓があるんだよ」と、当地とセンセーの意外な関係が発覚。そこから、今は水面はないけど、川筋のほそなが〜い公園を行く五人組。猪牙舟に乗ったつもり、周囲は桜並木のつもりと妄想全開。サクッと道をそれて住宅街に入れば、江戸六地蔵とご対面。ついでにあんパンのご先祖様!? ともご対面。

いよいよ山谷地区、あしたのジョーの故郷だ。窺い知れぬ商店街、現役バリバリの年季の入った木造家屋と、興味は尽きない。ふと向かい側を見れば、ひょろひょろ〜と伸びる頼りなき見返り柳。バス停にだって「吉原大門」とある吉原のメインストリートだ。

ソープ街をすり抜けて、千束通りに戻ってくれば、そろそろ夕方近くなる。渋い喫茶で落ち着いて、常連集う店で乾杯の嵐だ。

START! 本所吾妻橋駅
1 源森橋
2 隅田公園・牛嶋神社
3 言問橋
4 旧猿若町界隈
5 池波正太郎生誕の地
6 待乳山聖天
7 今戸橋・平成中村座旗揚げの地
8 潮江院
9 山谷堀公園
10 南部屋五郎右衛門
11 山谷堀橋・紙洗橋・地方橋
12 東禅寺
13 元吉出世稲荷大明神
14 あしたのジョー・いろは会商店街
15 中江・土手の伊勢屋
16 見返り柳・吉原大門跡
GOAL! オンリー・ナカジマ
南千住駅
つくばエクスプレス
玉姫稲荷神社通り
玉姫稲荷神社
アサヒ会通り
東浅草二丁目
いろは商店街
東浅草小学校
吉原大門
江戸町通り
揚屋通り
中之町通り
東禅寺
清川分室通り
地方橋
東浅草交番前
国際通り
鷲神社
ダール・アル・アルカムモスク
紙洗橋
東浅草一丁目
誓向山正法寺
今戸神社
馬車通り
山谷堀公園
リバーサイドスポーツセンター
桜橋
待乳山聖天
市村座跡
寺沢パン
言問通り
藤浪小道具
隅田公園
首都高速6号向島線
中村座跡
言問橋西
東京大空襲慰霊碑
浅草寺
アルカヤ靴店
言問橋
すみだ郷土文化資料館
隅田川
牛嶋神社
言問橋東
仲見世通り
隅田公園
浅草駅
雷門
雷門通り
吾妻橋
墨田区役所
東武伊勢崎線
源森橋
銀座線
浅草駅
都営浅草線
駒形橋
清澄通り
本所吾妻橋駅
蔵前駅
N
0
200m

スカイツリーが目の前の町から、観光ルートに若干背を向けて

本所吾妻橋駅

START!

都営浅草線で隅田川を潜り、本所吾妻橋駅から浅草通りと三ツ目通りの交差点。目の前の東京新名所はさておき、本日のさんぽ会スタート。

江戸切絵図にも載る古い橋から向島へ

源森橋

CHECK POINT 1

「隅田川から三つめの道だから」というわかりやすい命名理由の三ツ目通りを進み、源森橋を渡る一行。橋の上で思わず足が止まる。橋の上から眺めるスカイツリーはたしかに迫力満点。でもさんぽ会は東京タワー派なんだな〜！

隅田川から枝分かれする北十間川に架かる橋。スカイツリーの撮影スポットとして有名になった。江戸時代、界隈には瓦職人が多く住んでいた。

散歩の思い出

今はなき名店「キッチンイナバ」

下町洋食のお手本として、そして柳家さん喬師匠の実家としても有名だったキッチンイナバ。ハンバーグもオムライスも揚げ物も、奇を衒わない安心の味だった。残念ながら本所吾妻橋交差点の名物店は、今は思い出の中だけの店となった。

小梅で軽く名残のお花見を

隅田公園・牛嶋神社

橋を渡ってすぐ左に曲がれば隅田公園。満開は過ぎたけど、まだ名残の花見はできる!? かつての地名が小梅と聞いて、「文七元結の水戸様だね」と気付く高田センセー。並びにある牛嶋神社で落語の中興の祖・烏亭焉馬の狂歌碑も発見。撫牛を撫でるセンセーと松ちゃんの笑顔の奥に、神妙さを感じる。

2 CHECK POINT

隅田川両岸に続く隅田公園は桜の名所。江戸の頃、左岸の向島側には水戸徳川家の下屋敷があった。隣接する牛嶋神社は本所の総鎮守。自分が病気になっているところを撫で、牛の同じ場所を撫でると病が治るという撫牛がある。

寄り道コラム

小梅の水戸様とは

隅田公園にあった水戸家の下屋敷は、小梅村にあったため、「小梅の水戸様」とも呼ばれていた。といえば落語や歌舞伎でも有名な『文七元結』。鼈甲問屋の手代・文七が掛け取りに行ったのが小梅の水戸様の屋敷。帰り道に取られたと思い込み、身投げしようとするのが吾妻橋。それを止めた左官の長兵衛の住まいは本所。長兵衛の娘が身売りした先が吉原と、大川周辺で綺麗にまとまっている物語なのだ。

落語の最重要スポット隅田川。船徳の若旦那は舟の上で四苦八苦し、『唐茄子屋政談』の若旦那は身投げしようとする。どちらも偶然、徳さん。

CHECK POINT 3

平安時代のイケメン歌人ゆかりの橋で大川を渡って浅草エリアに

言問橋

「名にし負はば　いざこと問はむ都鳥　わが思ふ人は　ありやなしやと……」かの在原業平が詠んだ和歌にちなむ言問橋から、ふたたび隅田川を渡る一行。「まぁ業平と言えば『千早振る』ですよね」と、橋にまでつっこみを入れるのがさんぽ会なのだ。

CHECK POINT 4

いきなりの買い物のあとは、江戸の芝居町でつまみ食い

旧猿若町界隈

言問橋を渡った途端、オシャレ靴屋に目が行くセンセー。しかもいきなり買っちゃうとこがすごい。そのまま観音裏の旧猿若町へ。通りの片隅に残る江戸の芝居町の名残を探したり、歌舞伎ファンにはお馴染みの藤浪小道具の倉庫を覗いたり。ついでに地元民御用達のパン屋での買い食いも欠かさない。

藤浪小道具

幕末から歌舞伎の小道具を扱い、明治5年に正式創業した老舗で、小道具の装飾、製作、賃貸や販売などを行う。歌舞伎ファンにはお馴染みのブランド。

アルカヤ靴店

大人のスニーカーを揃える店内には、人気ブランド、メイドイン広島のスピングルムーヴがずらり。

中村座跡

旧・浅草猿若町にあった江戸三座のひとつ。綱紀粛正と倹約を推し進める水野忠邦の天保の改革により、堺町（現・人形町界隈）から移転。代々の座元は中村勘三郎。

時代小説の巨匠にしてハイカラ好みな大先生、ここに生まれる！

池波正太郎生誕の地

芝居町から少し歩けば、小高い丘の上の待乳山聖天様。この界隈はかつて浅草聖天町と呼ばれ、池波正太郎の故郷だ。そういえば『剣客商売』の舞台は、もう少し上流の鐘ヶ淵あたり。隅田川への愛慕は、故郷への思いでもあったんだろうな。

CHECK POINT 5

大正12年、池波正太郎が生まれた浅草聖天町（現・台東区浅草6、7丁目界隈）は、江戸時代からの地名。待乳山周辺を小説の舞台として登場させるほど愛着を抱いていた。

寺沢パン

浅草では知る人ぞ知るパン屋。生クリームコロネが有名だけど、調理パンのファンも多い。いかげそパンなどの素敵な日替わりパンもお忘れなく。

市村座跡

中村座同様、天保の改革で浅草に移転した江戸三座のひとつ。明治に入ってから、下谷二長町（現・台東区台東界隈）に移転したが、昭和7年に閉館。

寄り道コラム
トーキー渡来碑

トーキー映画を発明したアメリカ人の発明家、リー・デ・フォーレスト博士の功績をたたえる記念碑が待乳山聖天にあるのは、浅草という興業街があったからか？　読みづらい文字を必死にたどると、タカジアスターゼを発明した高峰譲吉や正力松太郎まで登場する壮大な記念碑だ。

千五百年近い歴史を持つ、夫婦和合と商売繁盛の神様

待乳山聖天

石段をのぼって頂上にある聖天様にお参り。「なんかさ、色っぽいよね」と誰もが言う、夫婦和合にご利益ある二股大根が随所にちりばめられた境内。縁結びの今戸神社と両方参詣すれば完璧だ（何が？）。お帰りは心肺停止コンビを気遣って、プチモノレールで下山!?

CHECK POINT 6

浪曲協会の記念碑

境内には日本浪曲協会が建立した浪曲双輪塔や、江戸時代の長唄三味線の名人、11世杵屋六左衛門が建立した糸塚など、記念碑、石碑も多い。

二股大根と巾着

妙に色っぽい待乳山聖天の紋章である二股大根と巾着。子孫繁栄を表すといわれると、やっぱりなぁと思う。毎年1月7日には大根まつりも開催。

さくらレール

境内裏手の駐車場近くには、誰でも乗れる可愛いモノレールがあって、高齢者や足の不自由な人でも大丈夫。軽く遊覧気分にもなれる。

すぐ近くに中村屋の思い出も詰まっている、山谷堀のスタート地点

今戸橋・平成中村座旗揚げの地

今戸橋に到着。ここから吉原までが名高き山谷堀……といっても、今は堀も川もない細長い山谷堀公園が続いている。「平成中村座があったよね」と、仲良しだった十八代目中村勘三郎さんを偲ぶセンセー。隅田川沿いに突如出現した芝居小屋は、つかの間の芝居町復活だった。

今戸橋は、山谷堀が隅田川から分岐する最初の橋。浮世絵にも描かれるほどの江戸の名所だった。向かいのスポーツセンター南寄りで、18代目中村勘三郎が最初に平成中村座を旗揚げした。

CHECK POINT 7

寄り道コラム

今戸神社・今戸焼発祥の地

近年、縁結びのパワースポットとして、週末になると参詣の大行列ができる大人気の今戸神社。その近くで、江戸時代に盛んに作られた、素焼きの日用雑器や人形などを今戸焼と呼んだ。とくに絵付けした招き猫や狐が有名。まさに落語『今戸の狐』の世界だ。

あの古典の名作にも登場する落語家の元祖が眠る寺

潮江院

今戸橋からすぐの潮江院は、本邦初の寄席を下谷神社で開いた噺家の元祖、初代三笑亭可楽の墓所。すると「実はさ、高田家の墓も今戸なんだよ」とセンセー。しかも恩師、永井啓夫先生も眠るお寺だ。実は、落語色の濃い町だったんだなぁ。

CHECK POINT 8

CHECK POINT 9

猪牙舟は出せないけど、花見の〆は賑やかにいきましょう

山谷堀公園

柳橋から小舟で急がせ山谷堀……とか、首尾の松から堀へ上がり一杯やって……なんて、粋な遊びに使われた山谷堀。川がなくっちゃ猪牙舟も出ないけど、山谷堀公園の桜並木を眺めつつ、船宿の女将ならぬスカイツリーに見送られ、小唄のひとつも口ずさみながら歩く。

CHECK POINT 10

天気が良い日は日向ぼっこの太鼓も見られる職人の町

南部屋五郎右衛門

靴のメーカーや靴職人のショップなど、皮革関連の店が多いこのあたり。山谷堀公園から地方橋を目指して歩いていると、張り替え中と思しき太鼓を発見。見れば創業三百年を超える老舗の「南部屋五郎右衛門」の工房だ！ 東京一の歴史を持つ和太鼓に出逢える町なのだ。

CHECK POINT 11

川を失った橋の親柱がそっと語り続ける大震災の記憶――

山谷堀橋・紙洗橋・地方橋

江戸時代から多くの橋があった山谷堀。今は橋名が付いた親柱だけが残っている。紙洗橋の名は、界隈に浅草紙という再生紙の紙漉き場が多かったことに由来する。柱の裏には関東大震災後の復興事業として造られた旨のプレートが付いている。

あんパンの父と巨大なお地蔵様が静かに佇む東浅草

東禅寺

地方橋から地方橋通りに折れ、泪橋に向かう吉野通りの手前を左に入ると、ちょっとした寺町エリアが広がる。昔から山谷は寺が多い地域なのだ。その中のひとつが東禅寺。門を入ると巨大な地蔵様が出現。その横には銀座木村屋の創業者夫婦の像が！　地蔵菩薩とあんパンが山谷で合流する。

東禅寺は東浅草にある曹洞宗の寺で、本堂前には宝永年間に建立されたという地蔵菩薩像が鎮座している。木村屋總本店の創業者、木村安兵衛夫妻のブロンズ像も。

CHECK POINT 12

さんぽ豆知識

江戸六地蔵とは？

深川の地蔵坊正元が、京都の六地蔵にならって広く浄財を集めて作った六地蔵。品川寺（旧東海道）、太宗寺（甲州街道）、眞性寺（旧中山道）、霊巌寺（水戸街道）、永代寺（千葉街道）に東禅寺（奥州街道）と、江戸の出入口に建立され、旅人を見守っている。

歴史ある名前を引き継ぐかわいい出世稲荷で、軽く出世を願ったり

元吉出世稲荷大明神

CHECK POINT 13

京都の伏見稲荷を本社として江戸時代に創建された出世稲荷。界隈はかつて浅草元吉町と呼ばれ、田畑に囲まれた町人地だった。昭和に入って町名が消えた現在、元吉の名前が残る貴重な存在となった。

CHECK POINT 14

山谷の真っ只中で、彼は何を見つめているのだろう？

あしたのジョー・いろは会商店街

簡易宿泊所は海外のバックパッカーなどが泊まる安いビジネスホテルに変身し、だんだんと垢抜けていく山谷の街。土手通りから吉野通りの少し手前まで続くアーケードは、有名ないろは会商店街。昼間は、シャッターが閉まったままの店が多く、人通りも少なめだけど、ここここそが、あの『あしたのジョー』の故郷だ。団塊世代のヒーロー「ジョー」とくればセンセーも大喜び！　時代の移ろいの中で、この町と人の栄枯盛衰を、今日も彼はなにも言わずに見つめている。

CHECK POINT 15

見目麗しき木造家屋が連なる奇跡の町で、色里ありし頃を想像す

中江・土手の伊勢屋

高田文夫のひとことコラム

「小舟でいそがせて」って唄にもあるけど、吉原通いといえば、山谷堀から猪牙舟に乗って吉原（仲之町）へっていうのを、今は川が暗渠になっているから歩いてみたのが、この回のテーマ。

スタートの吾妻橋から隅田公園へ。落語『文七元結』で文七がお金を忘れてくるのが、昔、ここにあったお屋敷なの。このあたりはいろんな噺の舞台になっていて。まさに落語のメインストリートだね。

この時は、桜も八割方散っていたけど、その残りの花と葉桜を眺めながら山谷堀を歩くと、春霞のむこうにスカイツリーがボーッと見えて。桜は満開じゃなくていいんだって思ったね。こういう思いで吉原に行ってたのかなんて、歌舞伎や落語の心情がしみじみわかる、いい散歩だったね。

CHECK POINT 16

落語にも芝居にも引っ張りだこの二大ランドマークに到着！

見返り柳・吉原大門跡

裏通りを巡っての土手通り。まずは古き良き建物見物をしなくては！ 明治三十八年創業の「中江」は桜鍋、明治二十二年創業の「土手の伊勢屋」は天ぷら。味も歴史もさることながら、昭和初期生まれの木造家屋の味わい深さは格別。センセーも見入ってしまう風格は、登録有形文化財だ。

呑気な山谷堀道中も大団円。名代の見返り柳は若干しょぼいけど、吉原大門は柱のみだけど……そこは妄想力炸裂のさんぽ会。「女郎屋の松ちゃん!?」と一緒に吉原へご案内～。仲之町、江戸町、京町と書かれたプレートと柳の並木が妄想をかき立てる！

GOAL!

良き店がまだ開かないのなら、良き喫茶店で時間調整

オンリー・ナカジマ

山谷堀、紙洗橋界隈の紙漉き職人よろしく、現在の吉原を冷やかした一行。この頃は健在だった「正直ビヤホール本店」を横目に、花園通りを横切って、変則Y字路の脇にある「オンリー」で昭和な小休止。頃合いを見計らい、千束通りの「ナカジマ」で、地元の常連さんに混じって妄想花見に乾杯！

ROUTE 8
南千住→千住大橋→北千住

2015年5月8日

芭蕉＆曾良!? 江戸・東京、隠された歴史街道をゆく！

**そっちが芭蕉と曾良ならば、
こっちは高田センセーと松ちゃんだい！
南から北まで千住を歩きつつ、
江戸東京の歴史を
サクッとつまみ食い。**

一大マンションエリアに大変貌した南千住。駅を降りたらいきなり芭蕉さんがお出迎え。今回は、これまでのさんぽ会で歩いた中でも屈指の単純明快、日光街道一直線。「南は南千住から、北は北千住まで」とお笑いネタみたいな道筋は、シンプルだけどバラエティ豊かな歴史道なのだ。

芭蕉の次が、元刑場という強烈なルートが南千住のディープさを物語る。しかも目の前はコツ通りと、取り付く島もない直球なネーミング。その沿道には、東京漫才発祥の地・栗友亭、道を折れればあらわれる釣り竿店・竿忠で、「この名前はね……」と落語との縁の深さを話す高田センセー。

もう目の前は日光街道、江戸時代なら旅姿だよなぁなんて歩きつつ、うっかり脇道に入ると下町の野球場・東京スタジアムの幻影まであらわれるから、千住は侮れない！

千住大橋を渡れば、松ちゃんの「ボクはセンセーの曾良になります！」宣言も飛び出して、北千住の領分に入るのだ。大通りから入った足立市場入口前は、宿場町に至る旧街道。沿道の建物に貼られた江戸時代の店名板が、気分を盛り上げる。圓朝ゆかりの寺を詣でたと思ったら、いきなり千住の「ビバリーヒルズ」を発見し、もう隠れキャラ多過ぎ！

商店街を幾つか越えたら、無敵の飲み屋群を誇る北千住の本丸。路地裏の隅々まで軒を連ねる店の数に「これはすごいね」と目を丸くして飛び込むのは、地元民も愛する駅前の一軒。南北千住、ひと駅分の濃ゆい旅です！

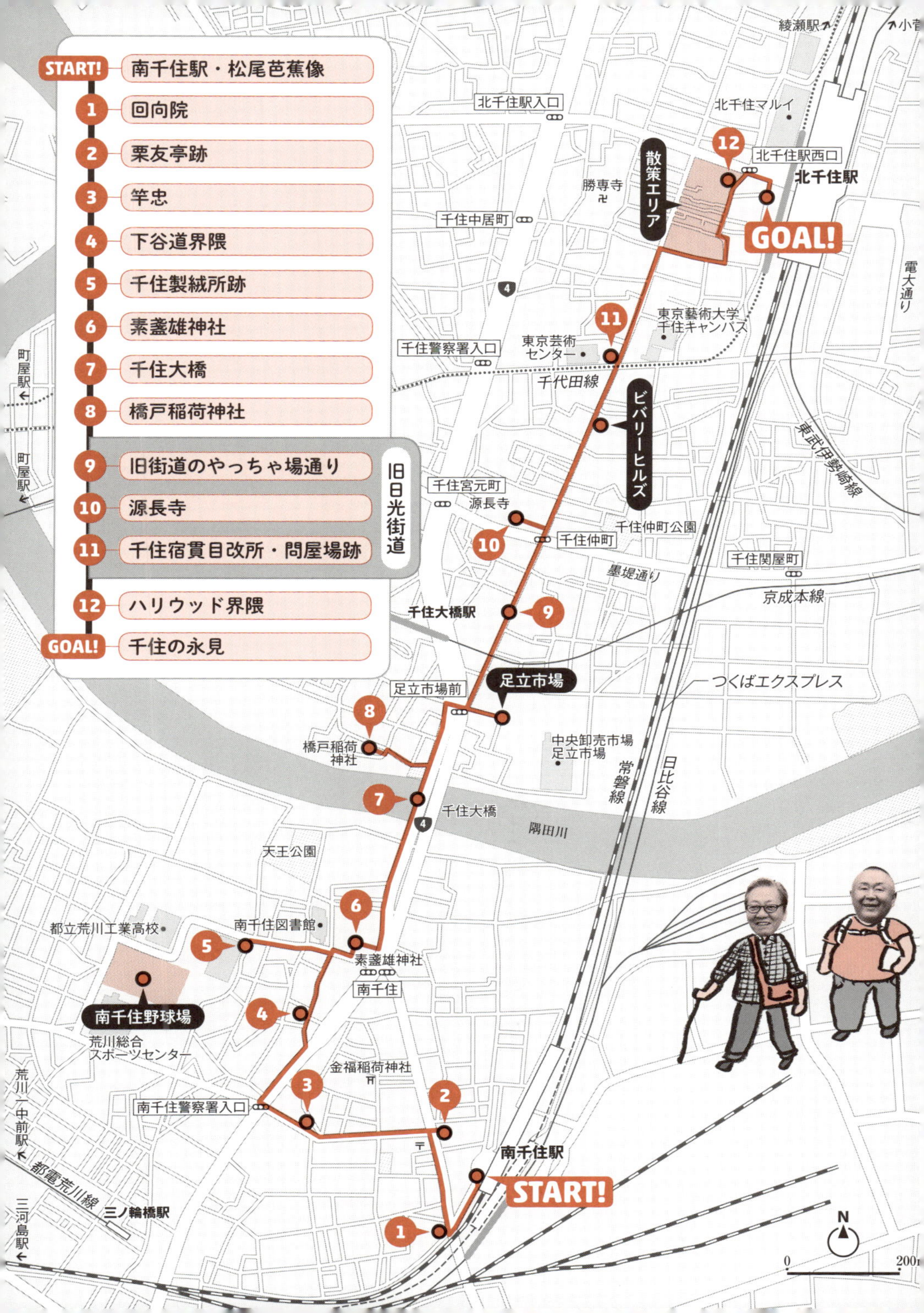
START! 南千住駅・松尾芭蕉像
1 回向院
2 栗友亭跡
3 竿忠
4 下谷道界隈
5 千住製絨所跡
6 素盞雄神社
7 千住大橋
8 橋戸稲荷神社
9 旧街道のやっちゃ場通り
10 源長寺
11 千住宿貫目改所・問屋場跡
旧日光街道
12 ハリウッド界隈
GOAL! 千住の永見
綾瀬駅
北千住駅入口
北千住マルイ
北千住駅西口
北千住駅
散策エリア
勝専寺
千住中居町
GOAL!
東京藝術大学 千住キャンパス
東京芸術センター
千住警察署入口
千代田線
ビバリーヒルズ
東武伊勢崎線
電大通り
町屋駅
千住宮元町
源長寺
千住仲町公園
千住仲町
千住関屋町
墨堤通り
京成本線
千住大橋駅
足立市場前
足立市場
つくばエクスプレス
橋戸稲荷神社
中央卸売市場 足立市場
常磐線
日比谷線
千住大橋
隅田川
天王公園
都立荒川工業高校
南千住図書館
素盞雄神社
南千住
南千住野球場
荒川総合スポーツセンター
金福稲荷神社
南千住警察署入口
荒川一中前駅
都電荒川線
三ノ輪橋駅
三河島駅
南千住駅
START!
N
0
200

散歩スタートを真新しい芭蕉さんが見送る

南千住駅・松尾芭蕉像

「降りた記憶がないなぁ」、高田センセーと松ちゃんが口を揃えて言う南千住駅に降り立つと、小綺麗な風景が目に飛び込んでくる。常磐線に日比谷線につくばエクスプレス、三路線も通って便利だし、目の前に芭蕉像まで立ったし。まぁこれからゆるゆる深みにハマるんですよね、フッフッフッ。

START!

平成27年、奥の細道ゆかりの市町村などが集まって開催された奥の細道サミットを記念して作られた、矢立初めの句を詠む芭蕉像。

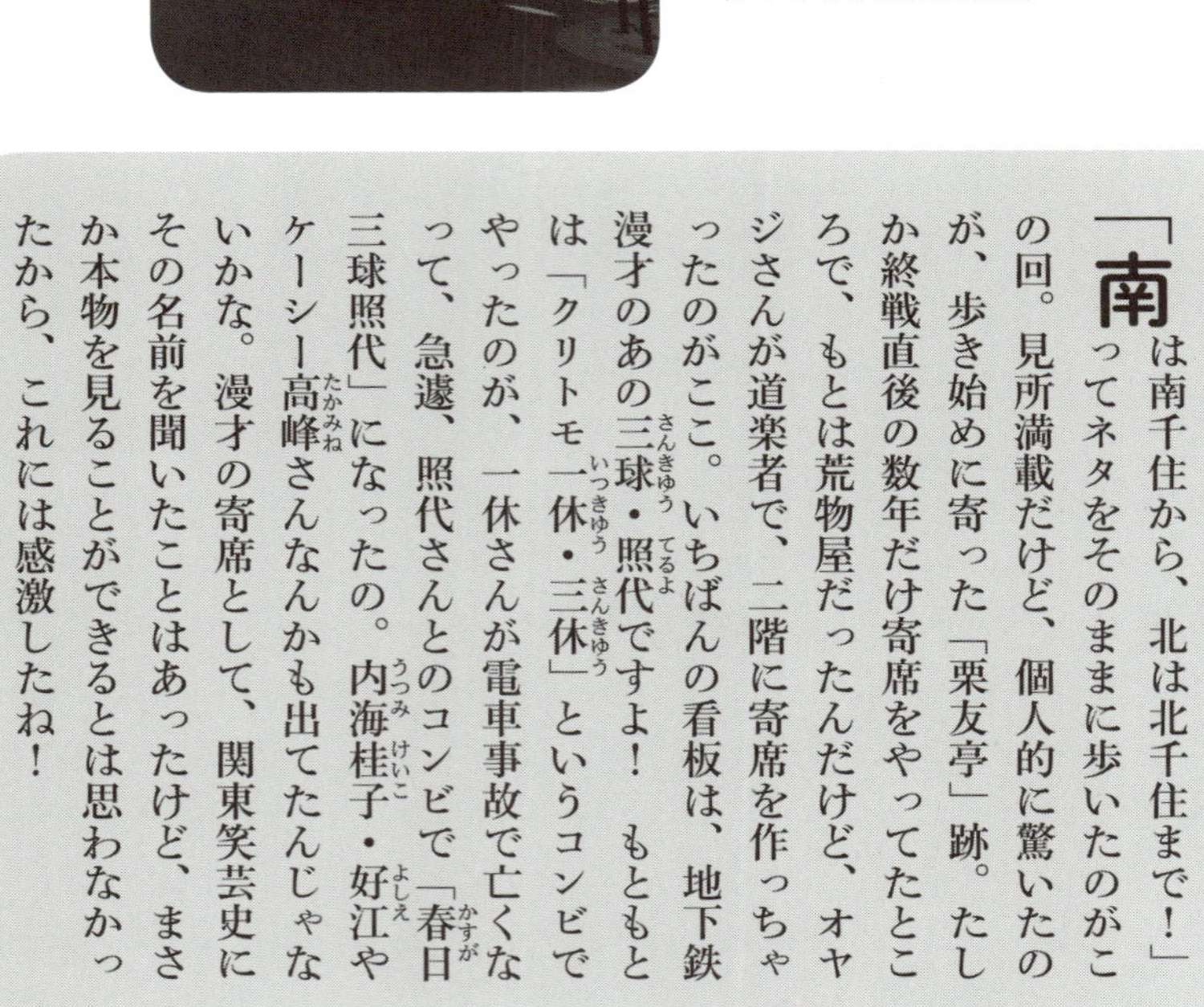

高田文夫のひとことコラム

「南は南千住から、北は北千住まで！」ってネタをそのままに歩いたのがこの回。見所満載だけど、個人的に驚いたのが、歩き始めに寄った「栗友亭」跡。たしか終戦直後の数年だけ寄席をやってたところで、もとは荒物屋だったんだけど、オヤジさんが道楽者で、二階に寄席を作っちゃったのがここ。いちばんの看板は、地下鉄漫才のあの三球・照代ですよ！　もともとは「クリトモ一休・三休」というコンビでやったのが、一休さんが電車事故で亡くなって、急遽、照代さんとのコンビで「春日三球照代」になったの。内海桂子・好江やケーシー高峰さんなんかも出てたんじゃないかな。漫才の寄席として、関東笑芸史にその名前を見ることはあったけど、まさか本物を見ることができるとは思わなかったから、これには感激したね！

回向院

維新の偉大な先生も、侠客も毒婦も眠る江戸二大お仕置き場

駅前の芭蕉さんが見てるのは、もしかしたら回向院かな。吉田松陰に橋本左内の墓所とくれば、松ちゃん得意の幕末の世界。『天保六花撰』の直侍に侠客、腕の喜三郎と芝居に出てくるような悪党の墓と一緒なのも、歴史のアヤか。

江戸時代から、鈴ヶ森と並ぶ仕置き場だったが、菩提を弔うために両国の回向院が願い出て常行堂となり、後に独立して寺となった回向院。吉田松陰を始めとする安政の大獄や桜田門外の変で処刑された人々の他にも、片岡直次郎（直侍）や高橋お伝などが眠る。また杉田玄白が腑分けに立ち会ったことでも有名。JRの線路により墓所が分断され、南側は別寺として独立。

CHECK POINT 1

栗友亭跡

昭和の演芸史は雑貨店の二階にヒッソリ

コツ通りの「栗友亭」跡にセンセーの記憶が蘇る。地下鉄漫才の三球・照代の三球さんは、元々「クリトモ一休・三休」というコンビ漫才で、この寄席に出ていた。一休さんが三河島事故で亡くなり、奥さんの照代さんと夫婦漫才を始めた。「地下鉄はどこから入れたんでしょうねぇ」

CHECK POINT 2

昭和30年に、雑貨店店主が2階に開設した演芸場・栗友亭。当初は浪曲中心だったが、後に東京漫才の寄席となり、若手漫才の研究会などが開かれたが、経営難から4年で廃業した。

CHECK POINT 3

店の看板から見えてくる東京落語地図の一ページ

竿忠

コツ通りから日光街道に出る横道の途中に、かの竿忠の看板を発見した一行。竿忠といえば根岸、林家の海老名香葉子さんの実家ではないか。「空襲で家族が亡くなって、釣り好きだった先代の金馬さんに引き取られたんだよ」とセンセーの超贅沢課外授業に耳を傾ける。

名釣り竿師といわれ、3代目三遊亭金馬や11代目市川團十郎などファンの多い初代竿忠の曾孫にあたる4代目が営む店。実は現・林家正蔵、三平の母、海老名香葉子さんのお兄さんでもある。

CHECK POINT 4

メインストリートの脇道に佇む隠れキャラ

下谷道界隈

今の日光街道は整備された姿。幹線道路から斜めに伸びた道が、どうやら下谷道とも呼ばれた古い街道らしい。路地の奥にはレトロモダンな床屋さん。道沿いには懐かしい中山式産業の本社ビルに、鉄人28号やエイトマンを作ったアニメ制作会社と、癖のあり過ぎな細道。元銭湯の豆腐工場は惜しくも消滅した。

ⒶⒷ快癒器や腹巻が有名な健康機器会社、中山式産業。Ⓒエイケンは鉄人28号の時代からあるTVアニメの制作会社。Ⓓレトロな床屋もいい！

CHECK POINT 5

千住製絨所跡

街の片隅にポツンと残る美しい煉瓦塀は、明治時代の生き証人

明治維新後、軍服国産化のため、国策として羊毛生産が盛んになった。その国産羊毛を精製、織布し軍服を作っていたのが千住製絨所。生産は第二次大戦前まで続けられた。

荒川ふるさと文化館を左に曲がると、スーパーのライフが見える。その手前に謎な煉瓦塀（れんがべい）が唐突に立っている。これが明治の殖産興業のひとつ千住製絨所の跡。「たしかこの辺だよ、東京球場」とセンセー。野球通の松ちゃんも知らない大毎（だいまい）オリオンズの世界。そう、実はこの跡地の一部がスタジアムだったのだ。我が心の榎本（えのもと）喜八（はち）である。

寄り道コラム

南千住野球場

民間売却された千住製絨所跡地を、大映（だいえい）の名物社長で、大毎オリオンズのオーナーだった永田雅一（ながたまさいち）の鶴の一声で取得。昭和三十七年に東京スタジアムとして誕生した。当時のサンフランシスコ・ジャイアンツの本拠地、キャンドルスティック球場をモデルにした最新設備が自慢で、ナイターの時の美しさから光の球場とも呼ばれた。後にチームは東京オリオンズ→ロッテに。球場は昭和五十二年に解体された。

現在は荒川総合スポーツセンターとなり、軟式野球場の他、体育館室や温水プールも完備している。

6 CHECK POINT

素盞雄神社

区内最多の氏子町を束ねる神社は、芭蕉に富士塚と見どころ満載

日光街道に戻る前に、界隈の総鎮守、素盞雄（すさのお）神社を参詣。立派な社殿はさすが六十以上の町を氏子に持つ神社の風格だ。その境内には、やはり芭蕉ゆかりの石碑が。文政（ぶんせい）年間に千住宿に集う文人たちが建てたという。芭蕉の足跡をたどる人々も、きっと詣（もう）でただろう。一句も詠（よ）まないけど拝礼。

素盞雄神社には小塚原の地名の由来といわれる瑞光石が祀られる。神輿を激しく振る勇壮な天王祭も有名だ。

7 CHECK POINT

千住大橋

現代版芭蕉と句を詠まぬ曾良コンビが、江戸御府内を越えて

いよいよ渡るぞ、千住大橋。眼下を流れる隅田川、対岸の堤防には奥の細道の一節と芭蕉・曽良の巨大な絵がある。

松ちゃんの名言「ボクはセンセーの曾良になります！」はここで生まれた。蕉門十哲ならぬ、さんぽ会五人組は宿場町へ。

「千住の大はし」として浮世絵にも描かれた千住大橋。家康が江戸に入って4年後に完成、隅田川で最初に架けられた橋。芭蕉は深川から船でここまできて、奥の細道の旅をスタートさせた。

CHECK POINT 8

天下の鏝絵の名人の作品が残る神社は、かつての街の繁栄を物語る

橋戸稲荷神社

千住大橋を渡って、橋のたもとを左に行くと、小振りながらも雰囲気のある橋戸稲荷神社がある。土蔵造りの本殿の扉は、鏝絵（こて え）の名工、伊豆の長八の作品（展示はレプリカ、本殿は年三回開帳）。当時から名人といわれる左官を呼べたのは、それだけの繁栄があったからに違いない。

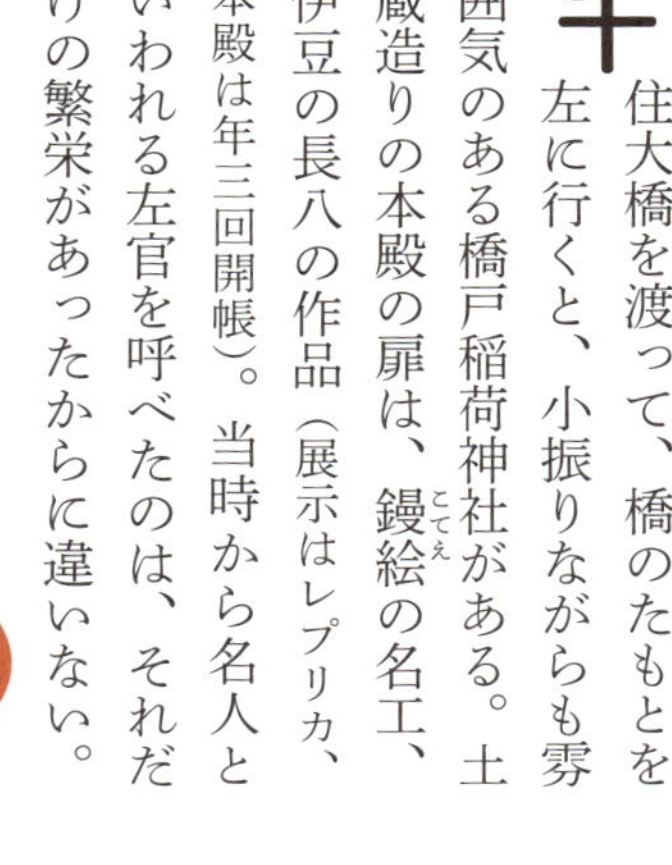

CHECK POINT 9

やっちゃ場の呼び名がしっくりくる、歴史と伝統ある旧街道

千住のやっちゃ場通り

日光街道を横断すれば、千住のやっちゃ場といわれた足立市場。誰でも入れる旨（うま）い食堂もあるけど、先を急がねば。大通りから分かれた細道は旧街道。市場から続く建物には、江戸時代の屋号が書かれた木札が下がってる。中には今も同じ屋号で続く問屋もあって、つい一枚ずつ確認してしまうのだ。

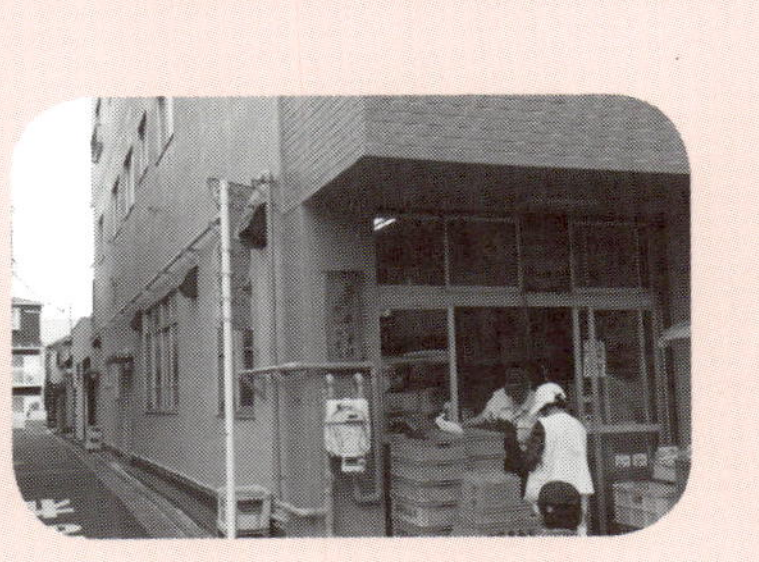

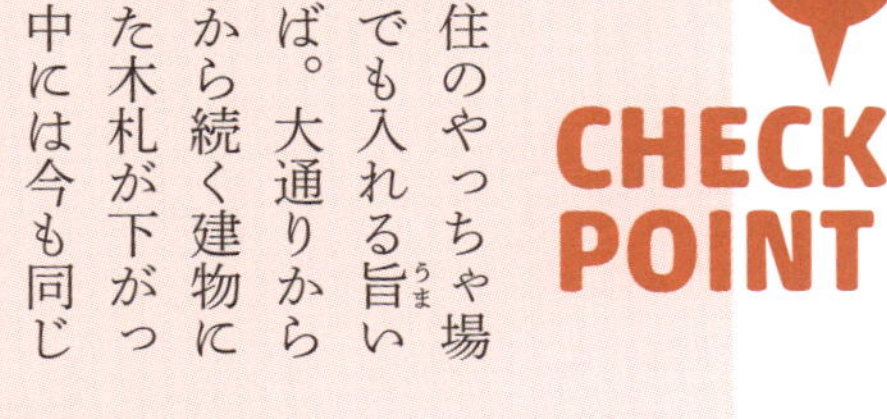

天正年間に始まったといわれる千住の市場は、神田、駒込と並ぶ江戸三大青物市場と呼ばれ、幕府の御用市場となった。その後、昭和20年に足立市場に。旧街道沿いには、当時の問屋や商店名の木札が残されている。

CHECK POINT 10

落語中興の祖も足を運んだ古刹

源長寺

源長寺にある三遊亭圓朝が寄進した石灯籠は、声が出なくなった圓朝が、願掛けに詣でて平癒したため、その報恩に寄進したといわれている。

吾妻橋から隅田川に沿うように続く墨堤通りを渡ると、角の立派なお寺が源長寺。千住を水害から救った掃部堤で知られる石出掃部亮実胤が創建したという。圓朝が寄進した石灯籠がなかなか見つからなくて。ここから北千住名物、どっさり商店街エリアに突入。そろそろ、ですね。

CHECK POINT 11

商店街の賑わいの中に佇む一本の石碑に、宿場町の歴史が眠る

千住宿貫目改所・問屋場跡

宿の事務一切を取り仕切るのが問屋場、重量制限を目的に、荷の重さを測るのが貫目改所だ。

東京芸術センターのエントランスに、千住宿の歴史を物語る旧跡がある。通りの向かいには東京藝大の千住キャンパス。気が付けば東京電機大学に帝京科学大学と、宿場町から学生街に変貌中の北千住だった。

発見

商店街を歩いている最中に、松ちゃんが発見した「ビバリーヒルズ」。さんぽ会はいつも、金曜日の生放送終了と共に、ニッポン放送から出発するのだ。ビバリー終わりにビバリー発見という偶然。

徘徊するだけでほろ酔い気分になりそうな、東京屈指の呑兵衛タウン

ハリウッド界隈

CHECK POINT 12

南北千住歩きもゴール間近。さっさと祝杯を上げたいのをグッとこらえ、西口駅前の路上散策へ。神田、新橋の飲み屋街を歩いてるセンセーも「これはすごいなぁ、少し歩こうよ」って言うくらいの底なし沼。うっかりすれば袋小路な路地を、くるりと回ってハリウッド……には入らない？

昭和ムードが溢れるキャバレーも健在なのがいい！狭い路地にも飲み屋があり、行き止まりか否かは歩いてみないとわからない。大学が増え、若向きの店も増えている。

GOAL!

サクッと入ってサッと飲んでスッと帰る、夕飲みの基本です

千住の永見

いける口揃いのさんぽ会メンバーを、飲み屋街の路上散策で焦らせておいての「千住の永見」。千社札も並ぶ壁の、どっさりメニューから選んで飲み食いしてると、もうすぐに店内満員。千住の夜はワイワイガヤガヤとにぎやかに更けていく。

15時30分に開店する北千住駅前の名物飲み屋。気持ちのいい店員さんとやたら多いメニューはハズレがない。お腹に余裕があったらシメにラーメンを頼んでほしい。

ROUTE 9
日比谷→大手町→東京駅

2016年8月19日

雨も、猛暑も大丈夫！東京地下の街歩き

**夏に散歩は野暮でげす。
だったらいっそ地下歩き。
日比谷から八重洲まで、
たまに地上で息吸って、
ビジネス街の足元をうろちょろ。**

散歩は大人の遊び、これが我がさんぽ会のモットー。真夏だったら、暑くない道を通ればいいよね。東京の中心には、実は蟻も真っ青な地下帝国が広がっているのだ。

高田センセーと松ちゃんの生放送が終わったニッポン放送、その真裏のペニンシュラ東京からエレベーターで降りれば、地下鉄日比谷駅の通路。日比谷通りの真下を進み、明治生命館で地上に出て、美しい外壁を眺めるついでに新鮮な空気を吸う。息継ぎしたら地下に戻り、「なんだ、どこでも飲めるな」と高田センセーも笑顔になる飲食街を抜けて、三菱一号館美術館。中庭でふたたび息継ぎし、地下経由でＫＩＴＴＥに到着。屋上から眺める東京駅のスペクタクルに軽く感動する。

東京駅の地下を通り、行幸通り地下を歩けば、もう和田倉門。和田倉濠の風景は、面倒でも地上に出て見る価値がある。そして地下に戻ればもう大手町エリア。地下工事で狭くなった通路を歩いてのどん詰まり、ＪＡビルのギャラリーで休憩。松ちゃんが売店で買ったジェラートを食べて、エネルギー補給だ。

大手町ビルヂングの昭和丸出しな地下飲み屋街と、モダンなオーテモリとの新旧のビルを巡り、永代通りの下を進めば、東京駅の線路を越えた八重洲側に出る。観光客向けの店や大丸の地下を抜けて、どこか昭和の匂いがする八重洲地下街でゴール。モグラのような散歩の仕上げも、せっかくだからヤエチカ随一の老舗飲み屋。お天道様ごめんなさい。

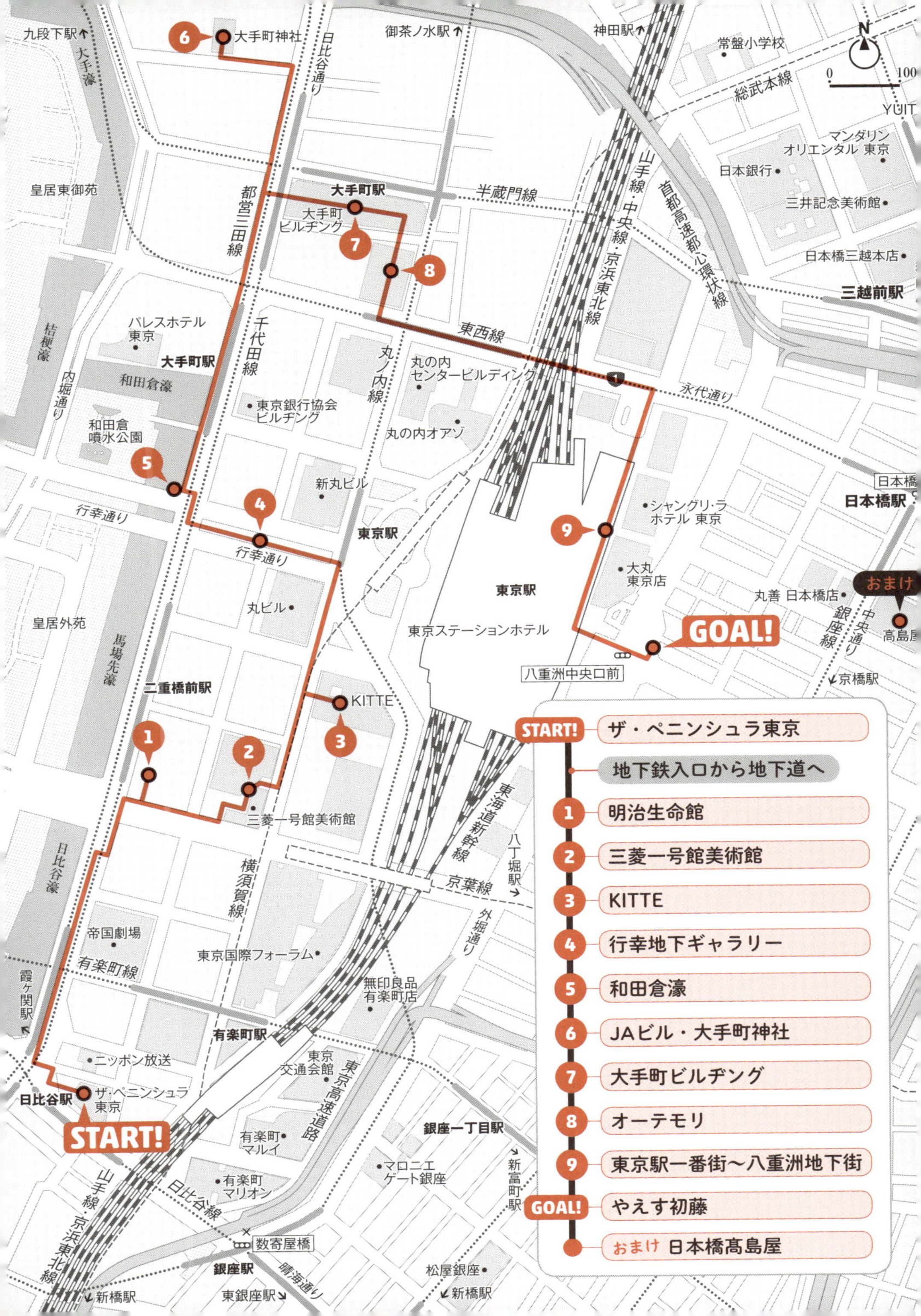

START!
ザ・ペニンシュラ東京
地下鉄入口から地下道へ
1 明治生命館
2 三菱一号館美術館
3 KITTE
4 行幸地下ギャラリー
5 和田倉濠
6 JAビル・大手町神社
7 大手町ビルヂング
8 オーテモリ
9 東京駅一番街〜八重洲地下街
GOAL! やえす初藤
おまけ 日本橋髙島屋
九段下駅
大手濠
大手町神社
日比谷通り
御茶ノ水駅
神田駅
常盤小学校
総武本線
皇居東御苑
大手町駅
大手町ビルヂング
半蔵門線
都営三田線
山手線・中央線・京浜東北線
首都高速都心環状線
マンダリン オリエンタル 東京
日本銀行
三井記念美術館
日本橋三越本店
三越前駅
パレスホテル東京
千代田線
丸ノ内線
東西線
桔梗濠
内堀通り
和田倉濠
和田倉噴水公園
丸の内センタービルディング
東京銀行協会ビルヂング
丸の内オアゾ
永代通り
新丸ビル
行幸通り
東京駅
シャングリ・ラ ホテル 東京
日本橋駅
大丸東京店
丸善 日本橋店
皇居外苑
馬場先濠
丸ビル
東京ステーションホテル
GOAL!
八重洲中央口前
銀座線
中央通り
高島屋
京橋駅
二重橋前駅
KITTE
三菱一号館美術館
東海道新幹線
八丁堀駅
日比谷濠
横須賀線
京葉線
外堀通り
帝国劇場
有楽町線
東京国際フォーラム
無印良品 有楽町店
霞ケ関駅
有楽町駅
ニッポン放送
東京交通会館
東京高速道路
日比谷駅
ザ・ペニンシュラ東京
有楽町マルイ
銀座一丁目駅
マロニエゲート銀座
新富町駅
有楽町マリオン
日比谷線
数寄屋橋
山手線・京浜東北線
銀座駅
晴海通り
松屋銀座
新橋駅
東銀座駅

START!

日本有数の高級ホテル秘密のエレベーター

ザ・ペニンシュラ東京

「生放送中に窓を見たらさ、宿泊中のポール・マッカートニーと目が合ったのよ」と高田センセーいきなりの先制パンチをまに受けつつ、「ザ・ペニンシュラ東京」の晴海（はるみ）通り側にある地下鉄用エレベーターで、地底深く潜行するさんぽ会一行。地下道だって、散歩は散歩。

ザ・ペニンシュラ東京は、１８６６年に香港で創業した老舗高級ホテルの日本唯一の系列店。２００７年にオープン。

地下鉄入口から地下街へ

名建築を愛で（め）ながら地上の空気を吸う

明治生命館

真夏の外よりは随分涼しい地下道。GHQ本部のあった旧第一生命館をやり過ごし、工事中で入口が閉鎖中の東京會舘を越えたら一旦地上へ。明治生命館の裏側は建物内の通路になっていて、冷房完備で建物見物ができるのだ。まっ、すぐ地下に戻るけど。

正面の円柱が印象的な明治生命館は、昭和9年竣工の重厚なビルで、後に重要文化財に指定された昭和の傑作建築のひとつ。

CHECK POINT 1

CHECK POINT 2

再現された一丁倫敦でミストの洗礼を受ける

三菱一号館美術館

三菱一号館美術館に併設の丸の内ブリックスクエア。地下は、飲める店がずらりと並び、「こんな近くに飲めるとこがあったのか」とセンセーもビックリ。コンパクトだけど異国情緒ある地上の中庭で、「生き返ります」と松ちゃんはミストに夢中。

明治27年に竣工した煉瓦造りの三菱一号館には三菱合資会社の銀行部があった。平成21年に復元され、今は美術館になっている。

高田文夫のひとことコラム

さんぽ会のリーダー・高野クンの知恵の勝利がこの回だね！　この発想には恐れ入った。なんたって歩いたのが全部地下道なんだから。雨が降っても大丈夫！　八月の暑い中をどう歩こうかって、このアイデアが出てきたというんだから。ときどき地上に顔を出したりして、オレたちは鯨かっていう！

ニッポン放送近くのペニンシュラ東京から地下に降りていって――。三菱一号館美術館の近所の地下に、昼からやってる飲み屋街を見つけたりして（今度使わせてもらいます）。このあたりは歴史のある貴重な建物がいっぱいあるけど、再開発で建て替えになってるから、今、歩いておかないと！　このさんぽ会は、オリンピックに向けて様変わりしていく東京の最後の記録でもあるんだね！

装い新たな東京中央郵便局でゴジラを思う

KITTE

地上をチラ見したらサッサと地下へ戻る一行。幹線道路の外堀通りも、地下から行けば信号がないし、地下道からビルの地下フロアを通れば、エアコン完備だから涼しい。特に三菱一号館美術館からKITTEまでの地下道は、周辺のビルがまだ新しいせいか、年季の入った日比谷界隈より、通路はきれいだしグッと冷房が効いてる。「なんだかいつもより楽な散歩だね」とKITTEへも快適に入り込むのだ。

昭和のモダニズム建築の傑作といわれた東京中央郵便局を建て替え、平成25年に誕生したJPタワーの商業施設KITTE。

CHECK POINT 3

まずは一気に屋上庭園に出れば、目の前が東京駅、しかも散歩当時公開中で、センセーも絶賛した『シン・ゴジラ』のゴジラがフリーズした場所だ。しばしパノラマ風景を満喫して、KITTE最大の魅力、インターメディアテク見物にゴー！

アマノフーズ

インターメディアテク

東大が所有する標本や資料をとにかくどっさり解説抜きで展示するインターメディアテクは、博物遊園地。撮影禁止なので松ちゃんのスケッチ魂が爆発！地下に戻ってフリーズドライのアマノフーズで味噌汁なんか買っちゃって、にわかに東京見物を満喫する一行。

CHECK POINT 4

行幸通りの真下にのびる地下道はイベントスペースに早変わり

行幸地下ギャラリー

東京駅南口の地下道から、丸ビルと新丸ビルをつなぐ行幸地下ギャラリーに出る。真上は正に行幸通りだが、車道の分まで地下道だから、やたら広いスペースが地底異空間という感じだ。この日は、全国の農産物やお酒などを販売するマルシェの真っ最中。地下なのに市場を歩いてる気分になれる。

皇居と東京駅を一直線に結ぶ行幸通りの地下にあるギャラリー。毎週金曜日は、日本各地の食材が集まるマルシェが開催される。

白鳥も優雅に泳ぐ皇居のお濠から、歴史的建物を愛でる

和田倉濠

地下版の行幸通りを歩き、またまた息継ぎで外に出ると、そこには見目麗しき和田倉濠の風景が広がっている。静かな水面（みなも）の奥にはパレスホテル、日比谷通り沿いには煉瓦造りの東京銀行協会ビルヂング（改装中）、真正面は皇居で振り返れば東京駅という完璧な布陣に、自然と笑顔に。

CHECK POINT 5

気後れする新しいビルで、まったり休憩と参詣はいかが

JAビル&大手町神社

地下道は工事中が増え始め、息苦しいのを我慢してのどん詰まりから入れば、新しいJAビルの地下街。エレベーターで四階に上がって、休憩ポイントのギャラリー「ミノーレ」に到着。すかさず売店のJA山形ジェラートを振る舞う松ちゃんの心配りに感謝しつつ、屋上の可愛い大手町神社も参拝。

CHECK POINT 6

JAビル内の農業・農村ギャラリーは、日本各地の食材を使った弁当や商品を販売。屋外の大手町神社は、旧JAビルの農協神社を遷座したもの。

高度経済成長を象徴するビルの地下は、サラリーマンの聖地

大手町ビルヂング

さて工事中地下道を引き返し、ご近所の大手町ビルヂングの地下街へ。ほそなが～い通路の両脇には居酒屋や飲食店が並び、新橋あたりのビルの地下を思わせる昭和感に、「大手町にこんなとこがあるんだね」とセンセーも感心しきり。丸くない螺旋階段を見上げて松ちゃんもビックリ!。

CHECK POINT 7

昭和33年の竣工当時は東洋一といわれた大手町ビルヂング。長さは200メートルにも及び、1階玄関から見る風景は圧巻だ。

都心の隠れた森の下で、放送界の本家本元と遭遇？

オーテモリ

大手町ビルを抜けると、一気にモダンな装いになる。広いエントランスと見上げるような吹き抜けは、オーテモリの地下街。時はリオデジャネイロ五輪の真っ最中で、バドミントンの高橋・松友の高松ペア金メダルを祝う展示が。さんぽ会だって高松ペアだぞ。そして一行は緑を眺めながらエレベーターで地上階へ。

CHECK POINT 8

みずほ銀行本店や高級ホテル、アマン東京が入居する大手町タワーの地下にある商業施設。「大手町の森」という緑地帯が印象的なスポットだ。

松村邦洋の ひとことコラム

バドミントンの「高松ペア」のパネルの前で、高田センセーとの「さんぽ会・高松ペア」のショットが、うれしかったですね～。

まさかニッポン放送のまわりにこんなところがあるとは！　って新鮮な驚きだったのがこの回です。とくに三菱一号館で浴びたミスト！　あれからミストが大好きになって。夏に高校野球を観にいくと、ときどきミストがあるところがあるんですよ。この前も清宮幸太郎を観にいったらミストがあって。ずっと浴びてましたね～！　このさんぽ会の楽しみのひとつが、途中で立ち寄る買い物スポットなんですけど、このときはアマノフーズで、いろんな種類のみそ汁やお湯を注ぐとできる親子丼なんかを、大人買いして。後日、人に配ったら喜ばれました！

はみ出しコラム

大手町の地下道

日比谷から八重洲地下街までの地下散歩で最大の難関は、大手町の地下道だ。地下鉄が五路線も乗り入れ、周辺ビルへの連絡口も多数ある。しかもいつ終わるかわからない工事が各所で進行中なので、臨時に狭められた通路が歩く勘（かん）を鈍らせる。ちなみに地下通路は、日本橋から東銀座まで続いている。

この時行われていた工事で、現場を隠すための壁面には、地下鉄乗り場を示す巨大矢印が。でも、本当にたどり着けるか少し不安になる。

東京土産と昭和チックな店が交錯する東京駅八重洲の地下街

東京駅一番街〜八重洲地下街

地上で貴重な大手町の緑を愛でたら、交差点斜向かいの丸の内センタービルからふたたび地下道に逆戻り。JRの線路を潜り抜け、やっと八重洲側にたどり着いた一行。エスカレーターで上がるとそこは東京駅一番街の端っこ。観光客で賑わうショップをかきわけて、早くヤエチカに！

昭和40年より部分開業した都内最大の地下商店街（昭和44年に全面開業）。周辺で働くサラリーマンにとっては貴重な飲食・買い物スポット。

地下街散歩の打ち上げだって地下なのはお約束

GOAL!

やえす初藤

地下屈指のお弁当スポット、大丸ほっぺタウンを横切れば、我らがヤエチカこと八重洲地下街に到着だ。さんぽ会の皆様、お待たせしました。地下歩きの打ち上げだもの、なんだったらお昼時から閉店まで延々飲み続けられる、さんぽ会の強い味方「やえす初藤」へ。帰るのが面倒なら、上にはビジネスホテルも!? でもこれって本当に散歩かなぁ？ な〜んて疑問は捨てましょ！

八重洲地下街で最古参の居酒屋。7時からの朝定食に始まり、中休みせず営業を続ける、夕飲みにはうれしい店。

おまけ

酔い覚ましに地上に出て、上機嫌で歩く夜の日本橋

日本橋髙島屋

「ちょっと腹ごなしに歩こうか？」高田センセーの発案で、ヤエチカの端っこまで歩いて地上に出れば、八重洲通りと中央通りの交差点。普通に地面を歩けば一時間もかからないのに、もう夜だねぇって上機嫌の大爆笑。光り輝くお上品な髙島屋を眺めながら、「もう一軒、行く?」

ROUTE 10
銀座→兜町→水天宮

2016年11月25日

銀座ふたたび！
幻の川をたどり
偶然、出逢った
あの人は!?

川の街の名残をたどり、
気が付けば茅場町！
兜町から人形町、
パンや煎餅かじりつつ、
意外な出会いと
良き酒に巡り合う。

今回は「川だった道」を歩いてみようって趣向のさんぽ会。もうお馴染みの有楽町駅前は南町奉行所跡を起点に、外堀通りを少し歩いて銀座桜通りに出れば、目の前は高速道路!? でもここ、昔は京橋川だったところ。

以前は落語会も行われたル・テアトルも消え、少し寂しい京橋を横目に、昭和通りを横断すれば元白魚橋に。銀座桜通りと並走するのが高速道路じゃなくて川だったら……と想像すると、実は風情溢れる散歩コースなのだ。鍛冶橋通りの交差点にあるのが弾正橋。富岡八幡宮の境内で「旧弾正橋」を渡ったよねと記憶を反芻する高速道路の高架下。

橋の上も下も道路という謎な景色を眺める江戸・もみじ通りを、「紅葉が綺麗なつもり」と妄想力を発揮しながらズンズン進む。その先に、妙に辛気臭い日本ペンクラブの建物を発見すれば、もう兜町。兜町に茅場町といえば東京証券取引所、もちろん高田センセーも松ちゃんも初見参だ。物見高いさんぽ会は、どこでも平気で入っちゃう。

鎧橋から蛎殻町、人形町で一服ってことで、お茶目な一行が選んだのは老舗パン屋・まつむら。松村がまつむらに！

せっかくだからと綺麗になった水天宮をお参りし、出てきたところでなんと林家正蔵師匠にバッタリ！ 毎回何かが起こるサプライズの街歩きなのだ。

そしてシメの一杯は、絶対無理と思ってた甘酒横丁の名店に、奇跡的に入れちゃうのもセンセーと松ちゃんのパワーか。そういや人形町界隈も、川の名残が多かったっけ!?

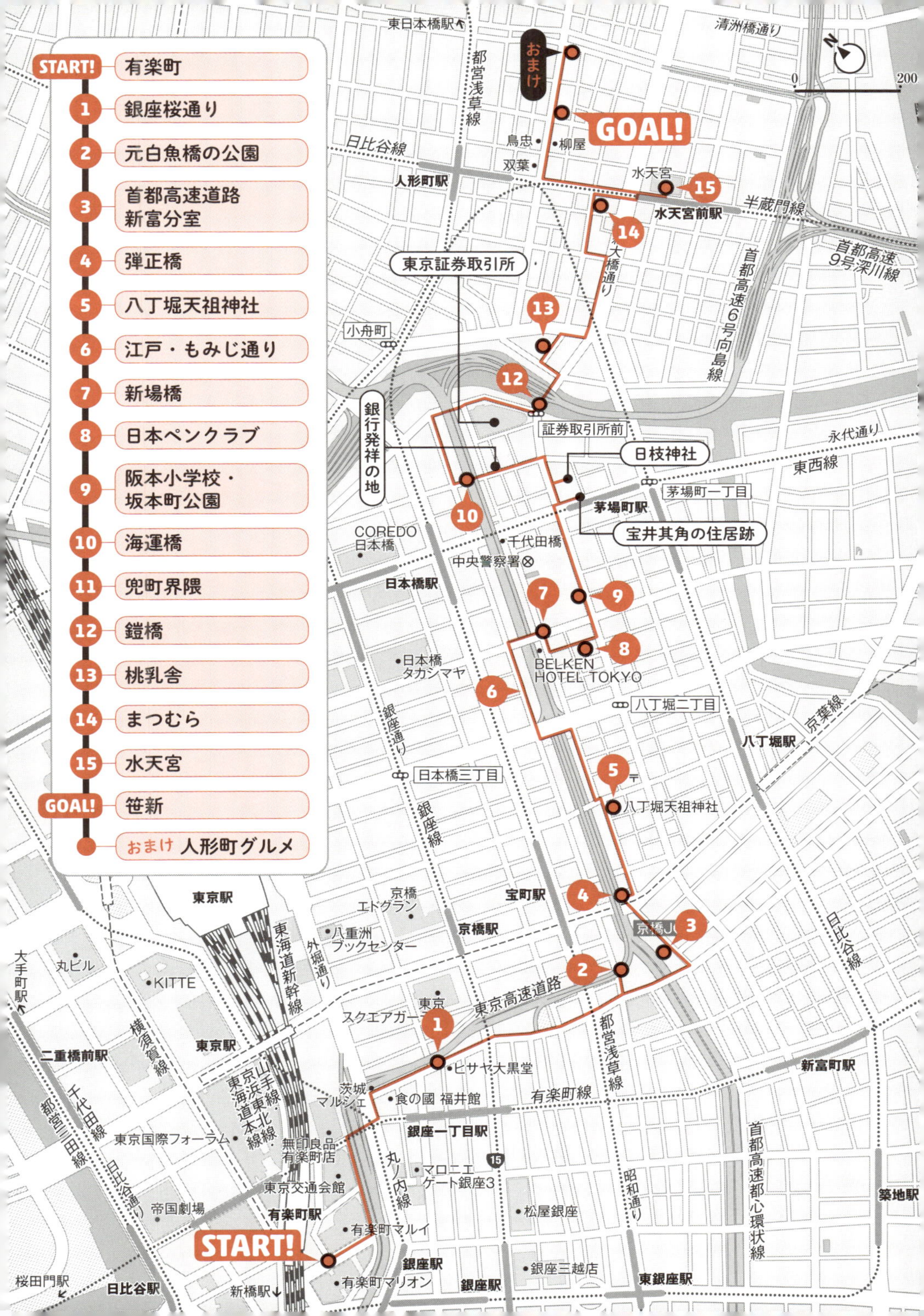
START! 有楽町
1 銀座桜通り
2 元白魚橋の公園
3 首都高速道路 新富分室
4 弾正橋
5 八丁堀天祖神社
6 江戸・もみじ通り
7 新場橋
8 日本ペンクラブ
9 阪本小学校・坂本町公園
10 海運橋
11 兜町界隈
12 鎧橋
13 桃乳舎
14 まつむら
15 水天宮
GOAL! 笹新
おまけ 人形町グルメ
GOAL!
START!
東京証券取引所
銀行発祥の地
日枝神社
宝井其角の住居跡
東日本橋駅
清洲橋通り
都営浅草線
日比谷線
人形町駅
水天宮前駅
半蔵門線
首都高速9号深川線
首都高速6号向島線
小舟町
証券取引所前
永代通り
東西線
茅場町一丁目
茅場町駅
COREDO 日本橋
千代田橋
中央警察署
日本橋駅
日本橋タカシマヤ
BELKEN HOTEL TOKYO
八丁堀二丁目
銀座通り
日本橋三丁目
銀座線
八丁堀駅
京葉線
八丁堀天祖神社
東京駅
京橋エドグラン
宝町駅
京橋駅
八重洲ブックセンター
外堀通り
東海道新幹線
丸ビル
KITTE
大手町駅
東京スクエアガーデン
東京高速道路
ヒサヤ大黒堂
二重橋前駅
横須賀線
東京山手線・京浜東北線・東海道本線
茨城マルシェ
食の國 福井館
有楽町線
銀座一丁目駅
新富町駅
都営三田線
千代田線
東京国際フォーラム
無印良品 有楽町店
丸ノ内線
マロニエゲート銀座3
東京交通会館
日比谷通り
帝国劇場
有楽町駅
有楽町マルイ
松屋銀座
昭和通り
首都高速都心環状線
築地駅
銀座駅
銀座三越店
東銀座駅
桜田門駅
日比谷駅
新橋駅
有楽町マリオン
鳥忠
柳屋
双葉
水天宮
新大橋通り
京橋JCT
0 200

START!

南町奉行所もいいけど煉瓦のガードもね

有楽町

さんぽ会のスタート地点として毎度お馴染み有楽町。つい南町奉行所跡ばかり見てしまうが、東京駅近くから新橋方面まで延々続く煉瓦造りの高架もじっくり見物。有楽町駅はすでに開業百年越え。明治のお爺ちゃん煉瓦は、今日も元気ハツラツだ。

CHECK POINT 1

銀座唯一の桜並木は行列も名物に

銀座桜通り

残念ながら花見の時期じゃないけど、ここはさんぽ会得意の妄想花見モードでゆったりと。いつも開店前から行列のパン屋に「そんなに旨いの?」と驚きながら、桜の代わりに、茨城県と福井県のアンテナショップを横目でチラリ。「ここは行列しにくいなぁ」と痔の治療薬で有名なヒサヤ大黒堂の前で軽いジャブをかまして、中央通りへ。

CHECK POINT 2

隙間にしょんぼり残る元は川だった証

元白魚橋の公園

昭和通りを越えて木挽町仲通りと高速道路のぶつかるところにあったのが白魚橋。佃島の漁師が白魚を幕府に献上するための屋敷があったとか。そのしきたりは現在も続くと知って、センセーもビックリ。今は道路の隅の小さな公園の奥に、親柱だけが残ってる。

CHECK POINT 3

ランチ難民にうれしい誰でも社食

首都高速道路新富分室

「へ～、僕でも入れるんですか？」松ちゃんならずとも驚くのが、この首都高速道路株式会社のオフィスビル内にある社員食堂！　今週のメニューもしっかり貼り出されるウエルカムぶりだ。飲食店が少ない界隈の勤め人にはうれしいね。

CHECK POINT 4

高架下で頑張る由緒正しき橋

弾正橋

弾正橋の名前を見て、「あれ、深川で見なかったっけ？」と首をかしげる一同。富岡八幡宮にあった朱塗りの鉄橋は、元々ここに架かっていたものなのだ。下は川ならぬ高速道路、頭の上も道路と上に下にと大忙しな場所だけど、江戸時代は京橋川と楓川の分岐点に架かる名物橋。妄想タイムスリップに絶好のポイント。

かつての人気者も今は隅っこで余生を送る

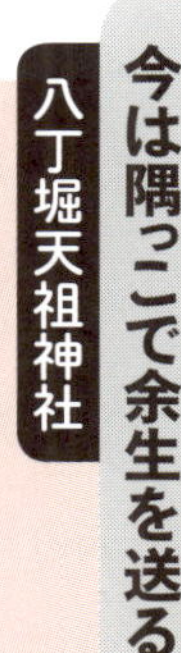

八丁堀天祖神社

京橋エリアから上下二本の道路が分ける向こう側は八丁堀。『必殺仕事人』の八丁堀の旦那でお馴染み、昔は与力や同心の屋敷が集まったところだが、実は町人も多く住む町だった。今は小さな天祖神社だけど、江戸名所図会にも載る人気の神様。お隣の材木屋さんは八丁堀唯一と聞くと、つい勝手に応援したくなる。

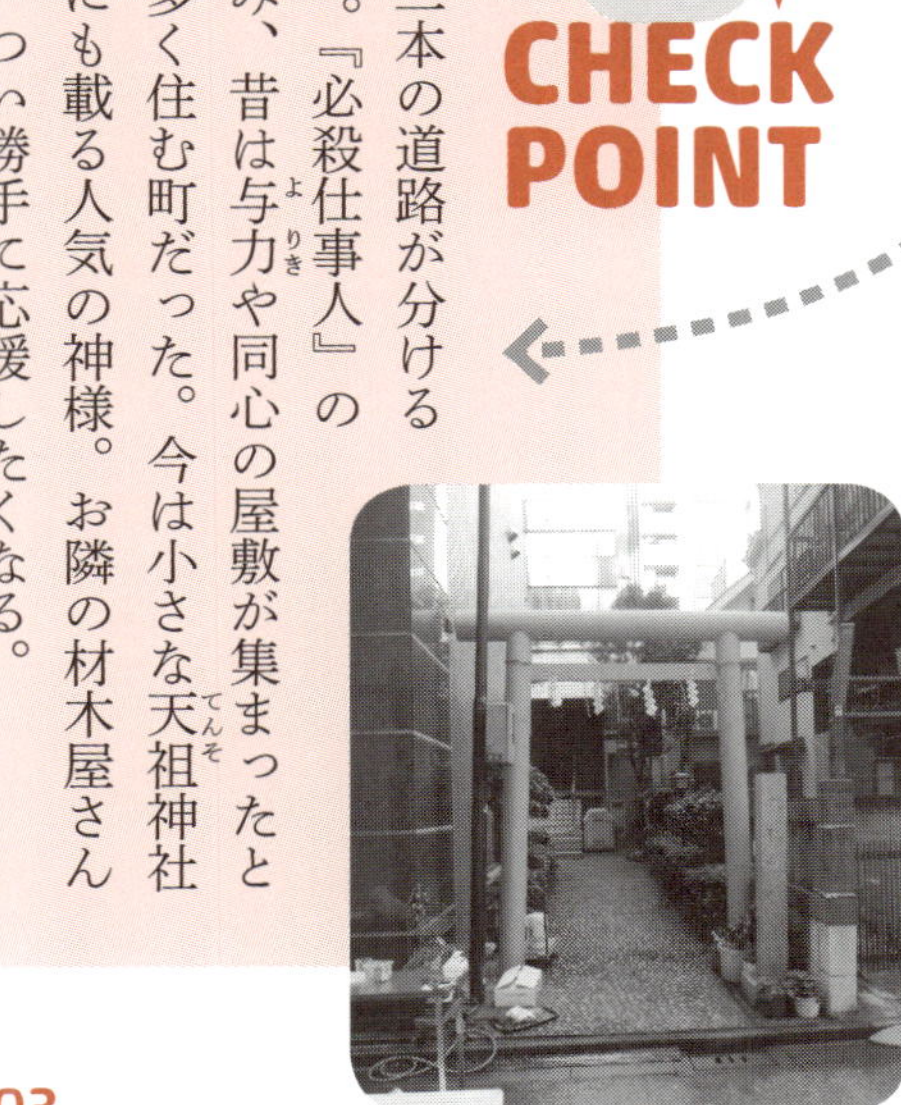

CHECK POINT 6

高速道路とオフィスビルに挟まれた、風景は野暮でも名前はオツな道をゆく

江戸・もみじ通り

オフィスビルと高速道路に挟まれた野暮(やぼ)な道だけど、かつては江戸時代に造られた日本橋川と京橋川を結ぶ人工の運河だった。現在は高速道路と化した楓川(もみじ)に、水の代わりに無数の自動車が流れている……そのちょいと粋(いき)な来歴と通り名にセンセーも感心。今はせめてもの言い訳のように、街路樹だけはもみじが並ぶ。

江戸時代に資材運搬用に開削され、楓川とも紅葉川とも呼ばれていたという。それが通り名の由来……かもしれない。

CHECK POINT 7

江戸の頃の賑わいがウソのような、静かな町の静かな橋

新場橋

江戸・もみじ通りから、高速道路の高架下を通って茅場町・兜町方面へ行く道は、すべて橋だった！　新場橋(しんばばし)近くにはかつて江戸有数の魚市場があり、江戸切絵図にも「魚店ノ所」と書かれている。その頃の町名である新場が、今も橋の名前として残っている。橋名こそが数少ない江戸の手掛かりだ。

ひょっとして黒ずくめの外観は、インクの色なのかな……。

日本ペンクラブ

橋を渡って兜町、少し戻るように路地に入ると、朱塗りの鳥居が可愛いお稲荷さんの隣に、漆黒の小さなビルがある。「ふ〜ん、こんなところにあるのか、ペンクラブ……」と誰もが思うヒッソリ感。じゃあ、あの作家もこの作家も来るのだろうか？　と想像逞(たくま)しく。

CHECK POINT 8

CHECK POINT 9

あの江戸っ子文豪も通った小学校の隣は、東京初の市街地小公園という、モダン地区

阪本小学校・坂本町公園

平成通りを左折し、少し歩くと阪本小学校の小さな門。門柱のプレートに刻まれた長き歴史に、思わず覗き込んで読んでしまう一行。卒業生にはあの谷崎潤一郎もいる由緒正しき学校だ。続く坂本町公園の隅にある兜町・茅場町まちかど展示館に飾られた、日本銀行の革製の半纏に、もう一度ビックリ。

↑阪本小学校の歴史プレート。学校は改築のために他校舎へ移動している。

↑兜町・茅場町まちかど展示館には立派な神輿が鎮座する。

CHECK POINT 10

海運橋に開運祈願!? 小さな橋が見つめてきた江戸から明治の大変貌

海運橋

ブルドックソース本社を横目に、千代田橋のたもとから向かいに渡ると、証券会社ひしめく兜町。高速道路沿いに進むと、親柱だけが残る海運橋にでる。当時は紅葉川（楓川）が日本橋川と合流する入口に架けられた橋だったという。界隈随一の美しい山二証券ビルを愛で、次なるスポットへ。

江戸幕府の水軍として仕えた御船手奉行、向井将監の屋敷があったので将監橋、船手組は海賊衆とも呼ばれたので海賊橋とも。

CHECK POINT 11

金融の中心地に見え隠れする江戸の香りと明治の匂い

兜町界隈

せっかくだから、東京証券取引所を見学しなくちゃ、と空港みたいな金属探知機のゲートを通って進めば、ニュースでお馴染みの、くるくる回り進む株価の電光掲示板！「縁がない世界だよなぁ」「ですよねぇ」と見上げるふたり。日枝神社境内で見つけた、今はなき証券会社社名に栄枯盛衰を思い、宝井其角宗匠の碑に江戸を偲ぶひととき。

東京証券取引所

日枝神社日本橋摂社

徳川家が崇敬した日枝神社の祭礼時の御旅所（神輿の休息所）として賑わった日枝神社日本橋摂社。境内にある明徳稲荷を囲む玉垣には、新旧の証券会社の名がずらり。

宝井其角の住居跡

芭蕉の高弟のひとり、宝井其角の住居跡が永代通りのビルの片隅に。「松ちゃん、やっぱり一句詠まないと」とセンセーのツッコミはお約束。

銀行発祥の地

近代実業界の牽引役、渋沢栄一が中心となって、明治6年に開業した日本初の銀行、第一国立銀行があった。

CHECK POINT 12

鎧橋

兜があるんだから、鎧もある？ 橋を渡ると別世界に!?

兜町から鎧橋、なんとも勇ましい名の橋がここ。平将門や源義家にまつわる伝説のある兜神社同様、奥州征伐に向かう源頼義が鎧を水中に投げ込んで、荒れ狂う暴風雨を沈めたという「鎧の渡し」に架けた橋が名前の由来とか。伝説や言い伝えは、散歩のスパイスだ。

CHECK POINT 13

桃乳舎

よき建物と旨し物が顔を出せば、人形町は目の前

鎧橋を渡れば日本橋小網町。「おぉ半七だね」とセンセーもニヤリ。落語『宮戸川』の主人公・半七が住む町がここだ。ここらで一服と、風情たっぷりな洋食と喫茶の桃乳舎に行くと残念、水道工事中で入れなかった。でもこれが後々のハプニングを生む伏線だったとは……。

高田文夫のひとことコラム

最後の10コース目は初心に戻って、またお膝元の銀座。それも銀座の幻の川歩きなんだからいいテーマですよ！

実は、銀座は高速道路に囲まれてるんだけど、それはもともと川だったの。数寄屋橋だって、本当に橋だったんだから。今は暗渠になったり、埋め立てられたりしているけど、それでも人の動きと川の流れには、なにか共鳴するものがあるんだよね、きっと。人の暮らしが川沿いに始まるっていうのもわかる気がするね！

銀座から京橋川の名残を歩くと、白魚橋、弾正橋とやはり「橋」が地名に残ってる。そこから江戸っ子でもあまり歩いたことのない、八丁堀や兜町（取引してませんから！）なんかを歩いて。

こういうさんぽができるのも、東京の醍醐味なんだよな。

CHECK POINT 14

美味しいパン屋に同じ苗字の食いしん坊あらわる！

まつむら

いよいよ人形町エリア。一本裏道に入り人形町通りに向かう角に、大正十年創業の町一番のパン屋・まつむらの大きな看板が見える。「こんにちは～、松村です！」と松ちゃんが挨拶した時のお姉さんたちのビックリした顔！　各自パンを選んでイートインコーナーへ。昔から変わらぬ店内で、ゆったりと休憩。

安産の守り神の前で、偶然にもほどがある出会いが待っていた

水天宮

近くなので、綺麗になった水天宮へ。日が暮れ始めた境内もまた趣（おもむき）があり、参詣した一行が脇道まで降りてくると、人形町通りのほうから「あぁ～センセーッ！」という叫び声とヘナヘナ崩れ落ちる人影。なんとテレビのロケ中の林家正蔵師匠だ。「もうじき三平（さんぺい）に子供が生まれるので」と参詣に来たという。これが人を引き寄せる二人のパワーか！

江戸時代、久留米藩有馬家の邸内にあった頃から安産・子宝の神として信仰されてきた水天宮。戌の日に授与される御子守（みすず）帯が安産のお守りとして全国的に有名だ。

CHECK POINT 15

川を思って歩いた後は、甘酒横丁の名店で軽くね……

笹新

GOAL!

水天宮を後にして、甘酒横丁を右に曲がった一行の目の前にあらわれた「笹新」。週末には開店前からお客が並ぶ名店だ。はじめから入るのは諦めていたところに、「聞いてみたら？」というセンセーの一言で確認すると、なんとＯＫ！　旨い酒と肴で、今日のさんぽもお開きに。

おまけ

せっかく来たんだから あれも買いたい これも食べたい

人形町グルメ

たい焼きの柳屋、豆腐の双葉、玉子焼きの鳥忠、瓦せんべい亀井堂と美味しいお土産に事欠かない甘酒横丁。でも忘れちゃいけない草加屋の手焼き煎餅。三代目桂三木助や十七代目中村勘三郎が愛した、甘くない江戸っ子好みの煎餅が並んでいる。

松村邦洋のひとことコラム

このさんぽ会をやっていると、偶然の発見や出会いが起こるんですけど、この回はなんといっても林家正蔵師匠ですよ～！　その前にも名人「竿忠」と林家一門のご縁を知る回（84ページ）がありましたけど、最後に水天宮に寄ってお参りしようかって行ったら、ホンモノの正蔵師匠とバッタリ！　三平師匠のお子さんが生まれるんで、そのお参りに来てたんですね～。

それならとみんなで一緒にお参りして生まれたのが、名前を「笑点」で公募していた柊乃助クンですから！

こういう縁があるのも、さんぽの喜びですよ。

そして、この時に立ち寄ったパン屋さんの「まつむら」。実は、ここで撮った写真を、翌年の年賀状に使わせてもらったんですよ～。ありがとうございます！

さんぽ会
座談会

いち・にの・さんぽ ボクらが歩けば、何かが起こる!?

八月は猛暑が続き、「さんぽ会」はお休みに。
ということで、急遽、飲み会を開催。
せっかくなら、これまでの思い出を
たっぷりと語ってもらいましょう。

写真（上）……左から高野ひろし、渡辺誠、
松村邦洋、高田文夫。

⇦ババちゃんは、甲府での春風亭昇太師匠の落語会主催のため
欠席しました。原稿にて、座談会に参加しています。

「さんぽ会」の始まりは？

高野　二〇一三年に高田センセーからもらった年賀状に「今年は歩くよ！」って書いてあって……。あれを見た時は、正直、これどういう意味なんだろう？　と思いましたよ（笑）。

高田　アハハ！　赤ん坊じゃないんだからな！　歩くよって、生後八ヵ月かっていう（笑）。あれは、二〇一二年の四月にオレが倒れて心肺停止になって、その後、ずっと病院にいたでしょ。体が動かないから看護師さんに車イスを押してもらってさ、屋上から外を眺めたりしてたの。日大病院だったんだけど、ちょうど交差点が見下ろせるんだよ。駿河台（するがだい）にあるから向こうに明治大学があって、学生さんかな？　若い人がね、信号が赤に変わりそうな交差点を、パッと走って向かいのパスタ屋さんに駆け込んだの。それを見ていてさ、『オレ、あの人になりたいな』って。『もう一度、信号を走って渡って、パスタ屋さんに駆け込んでみたいな』って本気で思ったんだよ。

渡辺　それが、年賀状の「今年は歩くよ！」なんですか。

高田　そう。「歩くよ！」ってのは、「一緒に」っていう意味だから。そのあと二〇一三年の初めに、ちょうど『小説現代』の五十周年記念の展覧会があって、行ってみようかなって。

高野　この本の冒頭にも書いてありますけど、それで、「八重洲（やえす）の展覧会へ行こう」って連絡を頂いたんですね。僕のほうは、じゃあせっかくだから、歩きましょうってなって。

馬場　声をかけてもらった時の「ババちゃん、歩こうぜ！」っていうセンセーの調子が、「野球やろうぜ！」とか、「バンドやろうぜ！」みたいな男子ノリでかっこよかったな。入院中とは別人のように回復していて、胸キュンでした！

最初に歩いたのはいつだっけ？

高野　初回は二〇一三年二月ですね。正直、初めての時は、センセーがどこまで歩けるのか、わからなかったんですよ。もうちょっと歩こうか、それともここらで休もうかなって、探り探りで。今だから言いますけど、あの時は、どこで散歩を終えてもいいように、行く先々に飲み屋の候補を考えてあったんです。でも、日本橋を越えた蕎麦屋で一杯やった後に、センセーが「もうちょっと歩こう」って、神田まで歩いたでしょ。あれで大丈夫だって思いました。

心肺停止の友!?

高田　それでさ、ふと横を見たら、もう一人、心肺停止の友がいるわけ！

松村　芸歴はアレですけど、心肺停止では、ボクのほうが先輩ですからね。

（一同爆笑）

高田　松ちゃんの時は『日刊スポーツ』の一面に載ったからな！　「心肺停止」っていう四文字がデカデカと。

松村　実は、ボク、あの時の『日刊スポーツ』を、今でも家の玄関に飾ってますよ。

渡辺　ふたりとも無事に戻ってきて、本当によかったです。

松村　本当です。いろんな人からお見舞いの連絡を頂いていて、無事に退院した時に、これからは「ご心配停止」でお願いします！　なんて言えましたから。

高田　アハハ。で、それなら一緒に、って誘ったのが二回目だよな。

松村　そうでした、「さんぽ会、やるからよっ！」って、江戸っ子口調で誘われて。

高田　すごいよね、心肺停止になったことあるのが二人もいるさんぽ会なんて、日本中でもこれしかないでしょ。

（一同爆笑）

高野　二回目は、有楽町から新橋を抜けて浜松町に行くんですけど、このコースは、浅野内匠頭の切腹場所の田村右京太夫屋敷跡といった歴史ネタの多い場所なんですよ。

松村　伊達家由来の鹽竈神社なんかもありましたね～。あれは伊達藩のお屋敷があったところでしょ。宮城にも鹽竈神社ってありますけど、それがここにもあったのか！　って。

高野　歴史ネタに明るい松村さんがいると、やっぱり強い味方になるんですよね！

松村　ボクもうれしかったですよ。「切腹最中」もあったりして。四十七士とかかわってる場所が、ニッポン放送からちょっと歩いたところにあるなんて知らなかったですね。

馬場　あー！　田村邸跡の近くの！

高田　「切腹最中」、お店に入ったら、社長が出てきたところだろ！

松村　そうです。実はボク、このメンバーで歩いていて、ときどき「テレビの取材ですか？」って聞かれるんですけど、その時に、「いえ、プライベートなんです」って答えるのが好きで。取材じゃなくて、みんなで歩いて楽しんでるっていうのが、最高ですよね～。

高田　テレビだと、段取りもあるしな。

松村　みんなで語り合いながら、ときどき悪口も言って、わいわい歩くのが、本当に幸せなひと時なんですよ～。

馬場　そういう時の松ちゃんの鼻歌が最高なんだよね！

高野　僕の場合、ふだんは一人でバカみたいに歩いてるでしょ。それがこの会で歩くと、ここは定番すぎるかなと思ってた日本橋とかで、センセーが「はじめて歩いて渡ったよ」なんて言ってくれるのが新鮮な喜びで。

高田　日本橋。車では何度も通ってるけど、歩いて渡ったのは、あれが初めてだった。

高野　新橋とか、神田の飲み屋街なんかを歩いたのも初めてですよね。

高田　そう。そういうところにも行ったことがなかったからね、すごく新鮮でね！

松村　東京生まれのセンセーが知らないっていうのが、ボクには意外でした。

高田　オレは渋谷で生まれて、世田谷育ちだろ。だから新宿だ、渋谷だっていう山の手は詳しいけど、下町はぜんぜん知らないの。高野クンは、下町の専門家だから。この会は、毎回、はじめて行くところばっかりで。

高野　センセーは好奇心が強いから、神田のガード下の飲み屋を、子供みたいに体を乗り出して覗き込んだりしてたでしょ。ああいうのが僕には、とてもうれしいんですよ。

『電波少年』以来の衝撃!?

高野　この会は当日まで、どこに行くのかを誰にも言わないんです。

高田　そう、ルートがいつも謎なんだよ！　ラジオが終わって、待ち合わせ場所に行くでしょ。歩き始めてしばらくたってから、今日はここに行きます、とか、電車に乗りますとか。

松村　行き先を知らせてもらえないのって、ボク、『電波少年』のロケ以来ですよ！

（一同爆笑）

高野　どこに行くか、知らないほうが面白いのかなって思って。

高田　今さら聞くけど、毎回、どうやってコースを決めるの？

高野　それぞれにテーマはあるんですよ。春なら お花見だけど、いわゆる普通の花見とは違う、ちょっと面白いところを歩こうかなとか。この本でいうと「ルート7」ですね。山谷堀を歩いた回です。

高田 ああ、あしたのジョーがいたところな。それにしても毎回、先に下見をしてるの？

高野 してます。

高田 すごいな。最後に入る飲み屋も？

高野 入りますね。あの時間（夕方五時頃）に、ヒョイッと入れる飲み屋を探して。

高田 エライねぇ。試し酒だな！

高野 予約をしないから、飲みながらお店の人に、「このくらいの時間に五人なんですけど、ひとり体の大きな人がいて……」なんて聞いてみて。お店の雰囲気や味はもちろんですけど、そういうことも調べておきます（笑）。

渡辺 休憩の喫茶店も下見で入るんでしょ。

高野 はい。

渡辺 実は休憩の喫茶店も、ゴールの飲み屋と同じくらいこだわりのある店ばかりで、そっちも楽しみなんです。

馬場 すごいよね！ 毎回、絶妙で。センセーの健康を気遣って、夏の日差しを避けて、ずーっと地下道のコース（ルート8）、あれは感動したもん。

松村 備えあれば憂い無し、と言うけど、ありがたいですね～！

高田 憂いは、お前の体だよ（笑）。

松村 すいません。でも、今はちょっと痩せたから、少しはマシかなぁと。

（一同爆笑）

高野 お店選びものポイントとして、いかにもマニアが行きそうな店、入ったら常連ばかりというところは避けるようにしているんです。適度にその土地の雰囲気がわかって、楽しく飲める店というのをいつも探していて。

馬場 それにしても、夕方五時前に入れるお店って、そんなにたくさんあるものなの？

高野 強い味方は、実は、お蕎麦屋さんなんですよ。昼夜の通し営業のところは飲めるから。

一同 なるほど～！

松村 ボクが、はじめてさんぽ会に参加した時も、最後に蕎麦屋に入りましたよね。

高野　はい、「更科布屋」ですね。でも松村さんがライザップを始めちゃったから、炭水化物メインのお店を最近は使えなくて。今は蕎麦屋以外で探しています。

松村　ありがとうございます（笑）。

珍道中五人組、結成！

高田　この後から、渡辺クンも参加するんだよな。

渡辺　はい。三回目からです。さんぽの会を始められたとラジオで聴いて、図々しいかなとは思いつつ、すぐセンセーに参加を願い出ました。

馬場　さんぽ会五人組が、ここで完成されたんだね。

高田　実は、このさんぽ会、入りたいっていう申し込みが多いんだよ。でも、五人以上は……って断ってるの。大人数になっちゃうと、どうしても道をふさいだり、信号の変わり目にもたついちゃうでしょ。やっぱり五人が限界だな。

松村　一回、ゲストで来てますけど、松本明子（まつもとあきこ）さんも入りたがってますよ（ルート5）。あと博士（水道橋博士さん）も！

高田　本当に申し訳ないんだけどね。それに飲み屋の都合もあるから。予約なしで、ヒョイッと入れるのは、やっぱり五人までだろ。

高野　そうですね。

高田　渡辺クンが参加してから、さんぽ会の記録が充実したよな。撮ってくれた写真を、年末に小冊子にまとめてメンバーに贈ってくれて。あれがまた、楽しいんだよな。

高野　この本も、3コース目以降から写真が充実してますね（笑）。渡辺さんは、会の後にもう一度、同じコースを歩いたり、飲んだお店にも行ったりしてるんです。まさに、さんぽ会の名記録係です。

松村　メンバー五人で行った……この本だと「ルート3」の時は、カレーパンを芭蕉像の前で食べましたよね。カレーパンをみんなで食べるなんて、なんだか学生時代みたいですよね。

渡辺　あの時は、センセーが、芭蕉ゆかりの地にちなんで、松村さんに一句詠め、一句詠（よ）めって、いきなり句会が始まったんでした。

松村　「松ちゃん芭蕉」誕生ですよ！　センセーが、詠めって言うから、「カレーパン」って詠みだしたら、「いいね、カレーパン、いいね〜」って。

高田　言ったねぇ（笑）。「いいね〜、文字数ぴったりだね〜」なんて。

松村　結局、褒められたのがプレッシャーになって、その後が続かなかったんですよ……。

（一同爆笑）

さんぽ会のリーダー・高野クン。

渡辺　そういえば、この時に行った、深川江戸資料館の裏にあったマンションが、たしか昔は、金持ちがお妾（めかけ）さんを囲っておくマンションだったたって話ですよね。

高野　そうそう。豊洲（とよす）寮って呼ばれていて。

高田　また、そういうことを、よく知ってるんだよな高野クンは。だから、このさんぽ会は、本当に面白いところに連れてってくれる。

高野　いわゆる名所旧跡を歩いてもしょうがないから、せっかくセンセーと歩くなら、落語の舞台になったとか、芸事にちなんだ場所を歩きたいんですよ。

高田　そこがいいよね、この会は。『元犬（もといぬ）』の犬がいたりしてさ（ルート5）。あれは驚いたね！　像が建ってるんだから。

高野　普通のガイドブックだと、「藏前（くらまえ）神社には〜」って、由来なんかが書いてあるじゃないですか、もちろんそういうところも歩きますけど、やっぱり——。

高田　ツウが唸（うな）るようなところに連れてってくれるからね。

落語の人物の気持ちに！

高田 吉原も行ったたな。吉原神社とか、見返り柳、あと大門ね。そこを歩く時にさ、『あぁ、落語の登場人物や江戸時代の人は、きっとこんな気持ちで歩いたんだろうな』なんてことを考えたりして（ルート4、7）。

渡辺 それを受けた松村さんのスイッチが入って、あの「女郎屋の松ちゃん」というキャラが登場したんですよ！

松村 「おうっ！　女郎〜屋の松ちゃんだ〜い」って。

（一同爆笑）

高野 アハハ。センセーがそれを見て、「女郎屋の松ちゃん、最近はどうだい？」って、ひと芝居始まって——。

馬場 そうそう。で、吉原神社に行った後に、樋口一葉ゆかりの地から「浄閑寺」に行ったんですよ。実は、このさんぽ会で、僕にとっていちばんの思い出深い場所なのが、この「浄閑寺」なんです（ルート4）。

高田 「浄閑寺」か、永井啓夫先生だよな。オレが大学時代に教わった先生なんだけど、三遊亭圓朝研究の第一人者で、永六輔さんや小沢昭一さんの相談役だった人でね。永さんが「先生」って呼んでたんだから！　その先生に最初に連れてこられたのが、この「浄閑寺」だったの。オレとあと同級生だった右朝（古今亭）と二人で。女郎の話や無縁仏の話なんかを聞いて。「落語をやるなら、吉原とここのことは知っておかなきゃダメだよ」って言われたんだよ。

高野 僕はそんな背景があるとは知らないから、投げ込み寺で、永井荷風の碑もあるからって、寄ったんですよ。そしたらセンセーが、そのお話をしてくれて。

馬場 うん、ビックリしたよね。永井荷風の前に永井啓夫先生！　五十年前に、ここで吉原の遊女の哀れを語る永井先生とそれを熱心に聞く、日芸落研の二人の天才少年を想像して……。とても感慨深かったです。

渡辺 そうすると、十八歳で行って、それ以来ですか？

高田　そうだね。十八で行って、今、六九だから、約五十年ぶりだね！　永井先生も右朝も、今はいないわけだから。

松村　そうだったんですか。

高田　これも縁だよね。実は永井先生とは、さらに縁があってね。十年位前かな、オレが入る代々のお墓があるんだけど、そこの坊さんが、「高田さん、永井先生って、高田さんのお墓の傍（そば）だよ」って。永井先生の息子さんが建てたお墓が、ウチのお墓のすぐ傍、それも斜向かいなんだよ！　だから天国行ってからも、オレは永井先生に教わるんだよ、サシでね。

一同　すごいですね！

高野　薬研堀（やげんぼり）に行った回（ルート5）でも、たしか講談発祥の碑があって、そこにも永井先生のお名前がありましたね。

高田　あったな。そういうことが全部、偶然の発見だから。こういう発見があることも、さんぽ会の楽しみだよ。

足を使って思い出す！

高野　「浄閑寺」のあとは、都電に乗って町屋（まちや）まで行ってるんですよ。

松村　たしか、センセーは都電もはじめてだって言ってましたね。

高田　あれも初めて。乗ってみたら、またいろんなこと思い出して！

松村　倍賞（ばいしょう）さんの話をしましたね。

さんぽ会の名記録係・渡辺クン。

高田　そうそう。倍賞姉妹いるでしょ。あの姉妹のお父さんは、都電の運転手だったんだよ。それを永（六輔）さんから聞いたことがあって。

渡辺　お母さんは車掌さんだったたって聞いたんですけど。

高田　そうなの！　じゃあ都電は倍賞さんのご両親が動かしてたんだ！　で、降りてみたら町屋だろ。懐かしい名前だなって思ったの。ここって、たしか売れる前のタケちゃん（ビートたけしさん）が夫婦で住んでたとこだって！　町屋のアパートに住んでたんだよ。だから、あの頃、タケちゃんと飲んでて、お開きかなってなると、「そろそろ町屋まで帰るよ」って言ってたね。

馬場　センセーの家にも、よく夫婦でご飯を食べにきてた頃ですよね。

高田　ウチのかみさんが、タケちゃんの奥さんのところへ、おいしい頂きものがあるんで届けにいってくるって、都電に乗って町屋まで行ったんだよ。今はきれいな街になってるけど、あの頃、ウチの夫婦に町屋なんて言葉はなかったんだから。町屋？　それってどこ？　ってなもんで（笑）。でも、タケちゃんが住んでたから知ってたんだよな。

渡辺　僕もそんな話、初めて聞きましたよ。さんぽすることで、貴重なエピソードが、センセーの膨大な記憶の内から呼び起こされる！

高田　そうだよな。オレも都電に乗ってみて、思い出したんだもん。

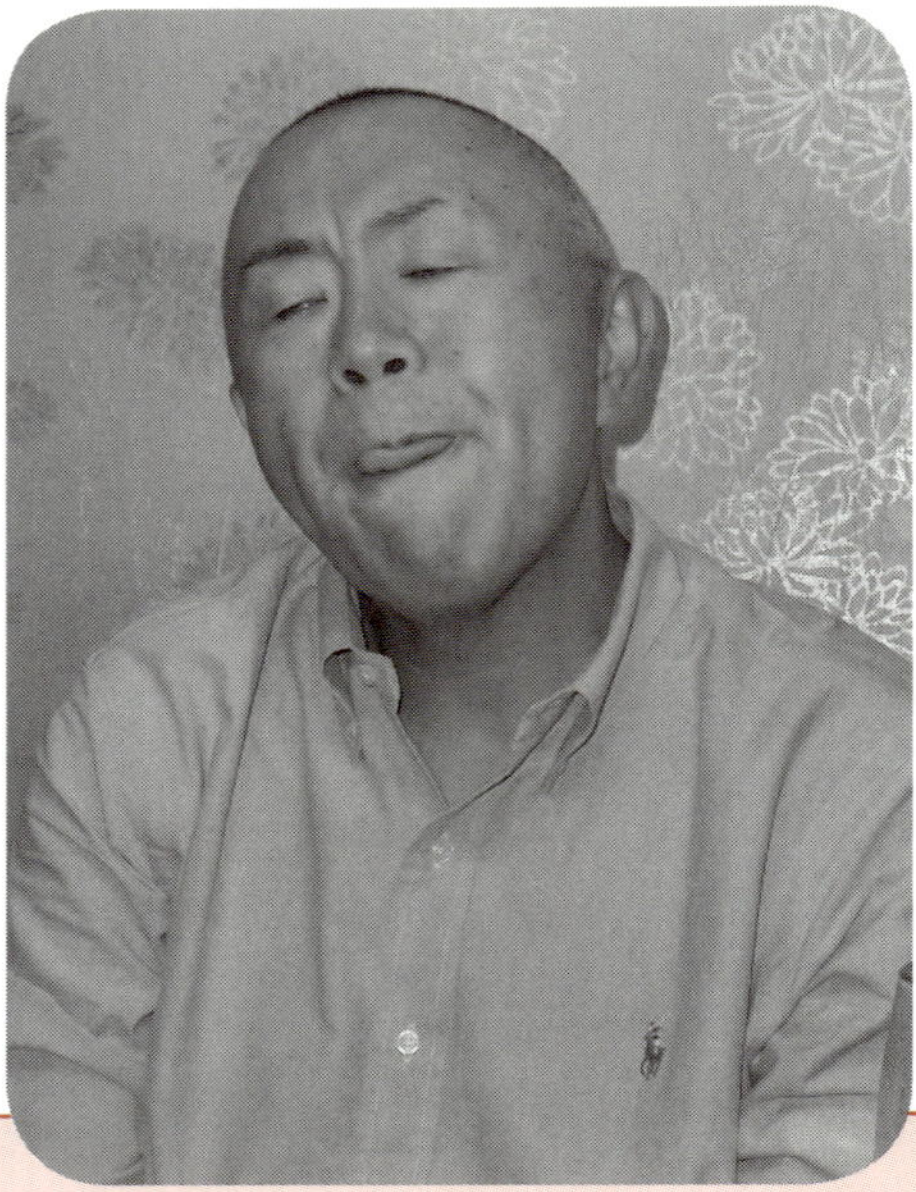

点から線へ！ 散歩の醍醐味

高野　このさんぽ会は、とにかくいろんなことが起こりますよね。センセーと松村さんは引きが強いから！

渡辺　正蔵師匠（林家）に出くわしたときも驚きました！ 向こうも驚かれて、師匠、道路に崩れ落ちてましたけど。

馬場　水天宮の時ですね（ルート10）。

高田　あれは四十二年ぶりに行ったんだよ。ウチの子供が生まれる時に安産の祈願に行って以来だから。何年か前から水天宮は、お宮を改修工事してて明治座の近くにあっただろ。それが元のところに戻ったっていうんで、行ってみようか、ってなったら、正蔵にばったり会って。「センセー、ここで何してるんですか？」って。あれは驚いた。

松村　三平師匠の子供が生まれるから、お参りに来てたんですよね〜。

高田　せっかくだからって、みんなでお参りしてな。

馬場　市丸姐さんの時も、あれはセンセーがちょっと寄ってくか、って偶然に入ったんですよね（ルート5）。

松村　市丸姐さん宅、いいところでしたね〜。松本明子さんも来ていた回で。

高田　そう、なんだかいい雰囲気の建物があるなって思ったの。ちょっと覗いてみたら、市丸姐さんの家だったところを、ギャラリーとカフェにしてたんだよな。それで、のどが渇いたからちょっと寄ってみるかって入って。

馬場　すごくいいところでした。

高田　川があって、二階はギャラリーになってるんだよな。大川の風にあたりながら、気持ちいいんだよ。

馬場　ルーサイト ギャラリーですよね！ 向島あたりで桜が散る頃、ここの二階から花筏を眺めることができるんですよ。なんか、市丸姐さんに通じる風流がありますね。

松村　市丸姐さんって、紅白歌合戦にも出てるんですよね。

高田　当時の大スターだよ。昭和二十五年頃かな。まさか生前の家が改装されて、今も残っているなんて思いもよらなかった。でも、歩いてると街並みとか、雰囲気とかで、なんか勘が働く時があるんだよね。

高野　いいカフェでしたけど、市丸姐さんのところに一時間以上いると思わなかったから、その後のルートが大変だったんですよ（笑）。

高田　居心地がいいもんだから、つい（笑）。さっきも誰かが言ったけど、深川江戸資料館、あそこは『落語のピン』の収録をしてただろ。オレもその時、立ち会いやなんかで、よく行ってたの。でも車で行っちゃうから、家と目的地っていう「点」と「点」の移動になっちゃうわけ。でも、さんぽって「線」の移動なわけだよ、しかもゆっくりとした。だから、こういう偶然の発見や出会いなんかが起こるんだろうね。

杖がいらなくなった日

渡辺　実は、この本だと「ルート8」かな。

二〇一五年五月の回、この時を最後に、センセーが杖を使わないで、歩くようになったんですよ！

高田　逆に、オレは昔の写真を見ると、この頃は杖を持ったんだなって思うよ。

馬場　杖をつかせたら内田裕也（うちだゆうや）か高田センセーかって言ってたのに（笑）。

松村　センセー、もう一万歩は楽勝で行ける感じですよね。

高野　実は、二回目以降は確実に一万歩以上を歩いているんですよ。

松村　樋口一葉の井戸なんかがあった回がありましたでしょ（ルート6）。

高野　坂を上ったり下りたりする回ですね。

高田　あれは面白い街並みだった。まさに坂の街だよね。

松村　実はボク、あの時、途中で音（ね）を上げようかって考えてたんですよ。でも、センセーの脚力がすごくて。

高野　たしかに、あの時は、気がつくと松村さんが後ろのほうを歩いていて。あのコースは、距離的にはいつもの三分の二くらいなんですけど、アップダウンがあって……。

松村　そうなんですよ。あの時に、心肺停止の先輩・後輩が入れ替わりましたよ（笑）。

高田　アハハ。これが二〇一五年だから、さんぽ会を始めて三年目だよな。

高野　最初が二〇一三年二月だから、もう五年目ですね！

高田　全部で何回くらい……。

高野　三〇回ですね。

松村　もうそんなに歩いてるんだ。

高野　そう考えると、本当に元気になりましたね。

高田　さんぽのおかげだよ。今回の本は、これまでさんぽ会で歩いた中から一〇コースしか紹介してないから、これが売れたらまた続編が作れるな。

（一同爆笑）

二〇一七年八月三〇日　麹町にて

あとがきにかえて

二〇代半ばから三〇代前半は、『電波少年』をはじめとするいろいろな番組で、言われるままにあちこちロケに行ってました。毎日がものすごくバタバタでした。優秀なスタッフと一緒になって必死に仕事をしていたことは、今も大きな財産になっていますが、あの頃は心に余裕なんてまったくありませんでした。国内だけでなく海外でも滅多に行けないような所に行きましたが、覚えているのはつらいロケだったということばかりで、今になって思うと、もったいないことをしたなぁと思います。

そんな僕も今年で五〇歳の節目を迎えました。ここ数年は、心にゆとりがあり、自分が好きな仕事をできているなぁと感じています。つまり、生きてきて「今が一番楽しい」のです。

そんな毎日の中で一番楽しい時間は、金曜日の『ラジオビバリー昼ズ』終わりでの「さんぽ会」です。毎回違う場所を歩くので、自分にとっては新たな発見の連続です。伊達藩ゆかりの鹽竈神社に行った時は、若い頃、大河ドラマ『独眼竜政宗』を観ていた自分にとって、「ここに伊達家の江戸中屋敷があったのか」と歴史を感じるうれしい瞬間でした。田中角栄さんが頻繁に呼び出されて国会議事堂へと向かったことが、名前の由来といわれる出世街道を歩いたり、松尾芭蕉の庵跡のある芭蕉記念館、『南総里見八犬伝』を書いた滝沢馬琴の生誕の地など、「自分は今、こんな場所に立っているのか」と感動しました。とくに、同郷の偉人・吉田松陰終焉の地である小伝馬町の十思公園を訪ねた時は鳥肌が立ちました。偉人の歩んだ道、過ごした場所に足を踏み入れながら歴史を想う瞬間は、なんとも言えない幸せな時間です。いつもノートを持ち、皆さんと楽しい話をし、笑いながらも、新たに知った事をメモするようにしています。

　東京に住んで三〇年近くになりますが、自宅とテレビ局、空港、東京駅の往復がほとんどで、一時期は、事務所の車に乗って、着いて、仕事して、という生活をしていました。この場所がどういう場所なのか、何があるのか、どういうゆかりがあるのかなどを、何も知らず、何も考えずに時間が過ぎていたような気がします。最近はＮＨＫラジオで『ＤＪ日本史』という歴史の番組をやらせてもらっていることもあって、歴史や歴史上の人物の経歴を調べることが楽しみのひとつになっています。ネット社会になり、知りたいことがすぐにわかる、便利な時代ではありますが、ただいろんな情報を鵜呑みにするのでなく、自分で調べる、知識を得る、より興味を持つ、そしてその場に行くことで、より深く、歴史を単なる知識ではなく自分の周りの空気のように感じられます。

　人は生まれたからには必ず死にます。その一生の最後まで、知らないことを知りたいと思いたいものです。勉強のできなかった自分は、知らないことだらけの日々からは、一生卒業できないでしょうが、それだけいつまでも知りたいことがあるのは、幸せなのかもしれません。いろいろなことを吸収しながら楽しく過ごせる「さんぽ会」。散歩終わりの食事も、散歩があってこその楽しさなのだと、深く感じています。さんぽ会よ、いつまでも……。

松村邦洋

高田文夫

1948年、東京都生まれ。日本大学藝術学部放送学科卒業と同時に放送作家に。『スターどっきり㊙報告』『オレたちひょうきん族』『北野ファンクラブ』『笑アップ歌謡大作戦』など、数多くの番組に携わる。また構成だけでなく出演もした『ビートたけしのオールナイトニッポン』は、社会現象にもなった。落語立川流Bコースに入門し、1988年に立川藤志楼として真打昇進。その翌年から始まった『高田文夫のラジオビバリー昼ズ』は、現在も続く人気番組となっている。主な著書に『私だけが知っている金言・笑言・名言録』『TOKYO芸能帖 1981年のビートたけし』『誰も書けなかった「笑芸論」』『高田文夫の大衆芸能図鑑』『イヨッ たっぷり! 高田文夫の大衆芸能図鑑2』など多数。

松村邦洋

1967年、山口県生まれ。バイト先のテレビ局で片岡鶴太郎氏に認められ芸能界入り。ビートたけし、高田文夫をはじめとするものまねで一躍人気となる。テレビ番組『アッコにおまかせ!』『アサデス。』やラジオ番組『DJ日本史』『高田文夫のラジオビバリー昼ズ』などでレギュラーをつとめる。さらに独特の感性が評価され絵画での個展や、豊富な野球、歴史の知識を活かし、さまざまな分野でも活躍している。著書に『愛しの虎 松村邦洋の阪神タイガース応援日記』『武将のボヤキ』などがある。

高野ひろし

いち・にの・さんぽ会リーダー。1958年、東京都生まれ。大塚駅前のガラス店・店主にして『散歩の達人』などの雑誌にルポや記事を書き続け、東京の街角にペンギンの人形を置いて撮影する路上ペンギン写真を25年以上続ける、まさに散歩の達人。さんぽ会でのルート考案はもちろん、本書ではメインの執筆を担当している。

馬場憲一

いち・にの・さんぽ会、初回からのメンバー。1957年、山梨県生まれ。「石和のババちゃん」として、『高田文夫のラジオビバリー昼ズ』などにも出演。演芸全般への深い造詣を活かし、落語会や音楽会などのイベントプロデュースを行っている。

渡辺 誠

いち・にの・さんぽ会、第3回からのメンバー。1976年、東京都生まれ。某テレビ番組制作会社で『志の輔らくご in PARCO』の中継を10年以上にわたって手がける。さんぽ会では、歩いたルートと飛び出した発言の記録、スナップ写真係を担当。

〈写真〉
いち・にの・さんぽ会
講談社写真部（カバー表4、扉）

〈装丁・組版・落書き〉
浅妻健司

〈フォント協力〉
株式会社イワタ
タイトルなど一部に、開発中の
丸ゴシック体を使用しています。

高田文夫と松村邦洋の東京右側「笑芸」さんぽ

2017年11月1日　第1刷発行

いち・にの・さんぽ会 編

発行者　鈴木　哲

発行所　株式会社講談社
東京都文京区音羽二—一二—二一
郵便番号一一二—八〇〇一
電話　出版　〇三（五三九五）三五一〇
販売　〇三（五三九五）五八一七
業務　〇三（五三九五）三六一三

印刷所　凸版印刷株式会社

製本所　大口製本印刷株式会社

定価はカバーに表示してあります。

落丁本・乱丁本は購入書店名を明記のうえ、小社業務宛にお送りください。送料小社負担にてお取り替えいたします。なお、この本についてのお問い合わせは、講談社文庫出版宛にお願いいたします。

　ISBN 978-4-06-220698-3